ママと赤ちゃんがいっしょに

わらべうた
胎教マッサージ&
産後ダンス

DVDつき

助産師
奥田朱美 著
イラスト **大内利絵**

合同出版

はじめて
ママになる
みなさまへ

　受精卵は、3億の中のたった1個の精子と卵子が出会ってできます。その受精卵が子宮内膜に到達し、子宮壁に着床すると、妊娠が成立します。たとえ受精卵ができたとしても、すべての受精卵が着床できるわけではありません。

　たくさんの奇跡に守られて、みなさんは幸いにして妊娠され、かけがえのない新しい命を授かったのです。大切に育てていきましょう。

　私は助産師として、これまで数え切れないほど多くの妊婦さんに出会いました。1500人以上の赤ちゃんを取り上げてきたでしょうか。助産院では、妊娠が正常に進むように、出産という1つのゴールを想定して妊婦さんをケアし、無事に赤ちゃんが誕生するように援助していきます。

　助産師としての経験の中で、産前と産後を通じてママと赤ちゃんをサポートする方法がないかと考えついたのが、この本で紹介する「わらべうた胎教マッサージ」と「わらべうた産後ダンス」です。

　ママとお腹の赤ちゃんの心と体を守り、安産を促す「わらべうた胎教マッサージ」、産後の楽しい子育てを実感できる「わらべうた産後ダンス」は、長年の保健指導から生まれたものです。

　イラストで図解し、付録のDVDでマッサージ、ダンスのやりかたの実演をしていますので、参考にしてください。

　わらべうたの力で、出産・子育てが楽しくなり、ママ、赤ちゃん、家族の笑顔がたくさん増えることを祈っています。

2015年10月吉日
奥田朱美

もくじ

はじめてママになるみなさまへ ……………………… 3

1 わらべうた胎教マッサージをはじめましょう

妊娠経過とわらべうた胎教マッサージ ……………… 8
わらべうた胎教マッサージをはじめる前に ………… 10
基本の姿勢………………………………………………… 11
●妊娠とわかればわらべうた胎教BGM（DVD）
●胎動を感じたらわらべうた胎教マッサージ
　❶ せなか ……………………………………… 12
　❷ お腹 ………………………………………… 14
　❸ 体操 ………………………………………… 16
　❹ 足 …………………………………………… 18
　❺ 足の指 ……………………………………… 22
　❻ 胸・お腹 …………………………………… 24
　❼ 手の指 ……………………………………… 28
　❽ 背中 1人で ………………………………… 30
　❾ 背中 2人で ………………………………… 32
　❿ 顔 …………………………………………… 34

1 胎教って何ですか？

胎教とは ……………………………………………… 36
胎教の方法 …………………………………………… 37
わらべうたの力 ……………………………………… 37
胎教と絵本 …………………………………………… 38
胎話をしましょう …………………………………… 38
英語で胎教をしましょう …………………………… 39
タッチゲームで遊びましょう ……………………… 40

2 わらべうた胎教マッサージって何ですか？
わらべうた胎教マッサージとは ……………………… 41
お腹の赤ちゃんへのケア ………………………………… 41
ママへのケア……………………………………………… 43

3 妊娠時期とわらべうた胎教マッサージ
妊娠初期（妊娠0週～15週）……………………… 48
妊娠中期（妊娠16週～27週）……………………… 53
妊娠後期（妊娠28週～36週）……………………… 55
正期産　（妊娠37週～41週6日）………………… 59

2 わらべうた産後ダンスをはじめましょう

わらべうた産後ダンスをはじめる前に ……………… 66
基本の抱っこ ……………………………………………… 68
ママの姿勢 ………………………………………………… 69

●初級編
❶ 足のストレッチ …………………………………… 70
❷ ウォーミングアップ ……………………………… 72
❸ 骨盤底筋強化運動 ………………………………… 74
❹ ツイスト運動 ……………………………………… 76
❺ ウエストのシェイプアップ ……………………… 78
❻ 体力作り …………………………………………… 80
❼ ウエストのシェイプアップ ……………………… 82
❽ 足首の運動 ………………………………………… 84
❾ 楽しくダンス ……………………………………… 86

●中級編
❶ 足のストレッチ …………………………………… 88
❷ ウォーミングアップ ……………………………… 90

❸ 骨盤底筋強化運動 …………………………… 92
❹ リズムステップ ……………………………… 94
❺ ツイスト運動 ………………………………… 96
❻ 体力作り ……………………………………… 98
❼ ツイスト運動 ………………………………… 100
❽ 下半身強化運動 ……………………………… 102
❾ 楽しくダンス ………………………………… 106

1 わらべうた産後ダンスはなぜ必要ですか？
ゆるんだ骨盤を元にもどすダンスです …………108
骨盤ケアの必要性 …………………………………108
骨盤、背骨のゆがみをチェックしてみましょう …109
骨盤のゆるみ改善方法 ……………………………111

2 わらべうた産後ダンスをより効果的に楽しみましょう
正しい姿勢を維持して効果を上げましょう ………112
妊娠中から継続して使えるわらべうた効果 ………114
抱っこの効果 ………………………………………115
産後のダイエットとストレス発散効果 ……………116

わらべうた産後ダンスよくある質問 ………………117
おわりに ……………………………………………118
わらべうたベビーマッサージ研究会の紹介 ………119

わらべうた胎教マッサージを はじめましょう

　胎教を実践したいけれど、具体的にいつ何をすればよいのか悩むママも多いことでしょう。わらべうた胎教マッサージは、妊娠の経過（前期、中期、後期、正期産）に合わせ、ママの体調や心理、赤ちゃんの成長に沿ったマッサージを紹介しています。

　また、このマッサージには、安産のための体力作りや、母乳育児を成功させるためのメニューが組みこまれています。産後は、お腹の赤ちゃんに聞かせていたこの歌が子育てに役立つことでしょう。

　妊娠前期、中期、後期、正期産と、時期に合わせた「わらべうた胎教マッサージ」を、赤ちゃん、家族といっしょに楽しみましょう。

妊娠経過とわらべうた胎教マッサージ

妊娠周期	妊娠初期（0週～15週）			妊娠中期（16	
	1～2カ月 （0～7週）	3カ月 （8～11週）	4カ月 （12～15週）	5カ月 （16～19週）	6 （20～
胎教の方法		「わらべうた胎教BGM」を聞いてリラックス		胎動を感じたら「わら	
母体の変化		流産予防 つわり	乳房増大・着色 便秘	着帯	お
胎児の変化	胎のうの中に胎芽 超音波で心拍確認	胎児 ドップラー児心音聴取 頭殿長(CRL)で予定日が決まる	性器完成	胎動を感じる 爪の発達 ママの声がお 胎盤完成	聴力が
超音波画像	5週	8週	13週	17週	
赤ちゃんの大きさ	身長2.5～3mm	身長2～3.5cm	身長6～10cm 体重15～100g	身長12～17cm 体重100～250g	身長17 体重30

27週)	妊娠後期（28週～36週）		正期産（37週～41週）	
7カ月 (24～27週)	8カ月 (28～31週)	9カ月 (32～35週)	10カ月 (36～39週)	予定超過 (40～41週6日)
胎教マッサージ」 妊娠線予防のためオイルを使って 「わらべうた胎教マッサージ」	下肢浮腫予防マッサージ		出産に向けて 「わらべうた胎教マッサージ」 「わらべうた胎教BGM」を使って出産イメージトレーニング	
目立ってくる 貧血に注意	早産に注意 赤ちゃんを迎える準備		不眠になりやすい 頻尿 妊娠線ができやすい	
ちゃんに届く 体毛が確認	パパとママの声を聞きわける 体毛が消失			
 24週	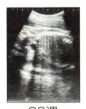 30週		 （手） 38週（足の裏）	
身長30～36cm 体重600～850g	身長37～42cm 体重 1000～1600g	身長43～47cm 体重 1800～2500g	身長50cm 体重2500g～	

わらべうた胎教マッサージをはじめる前に

●特長

　わらべうた胎教マッサージは、わらべうたに合わせて自分で、またはパートナーといっしょにおこなう楽しい胎教マッサージです。歌に合わせた自然な動作のため覚えやすく継続しやすいのが特長です。

　毎日実践して、お腹の赤ちゃんと十分コミュニケーションをとることで、胎内にいる時から親子の絆を深めることができます。最近希薄になっている、母性を育むことをお手伝いします。

●方法

　気持ちを落ち着かせてからはじめましょう。いろいろなことをすべて忘れて、お腹の赤ちゃんをイメージできる環境を整えてからおこないます。

　妊娠と気づいた時は付属のDVDに収録の「わらべうた胎教BGM」を活用しましょう。大きな海を想像して波動を感じてみましょう。

　胎動を感じてからはリラックスした気持ちでゆっくりと深呼吸して、姿勢を正しておこないましょう。

　妊娠中期は、あぐらの姿勢でお腹の赤ちゃんをイメージします。10カ月以降は、出産をイメージしておこないましょう。

●こんな時は「わらべうた胎教マッサージ」を中止してください

＊不正出血のある時
　不正出血は、切迫流産、切迫早産の兆しです。
＊お腹が張る時
　胎教中にお腹が張る場合は、中止して医師にご相談ください。
＊医師より安静の指示のある時

＊逆子、双胎、胎盤位置異常など異常妊娠の時

基本の姿勢

● あぐら（安定座）

　あぐらを組んだ時、左右どちらかのひざが高くなっていませんか？　高くなっているひざの足を内側にしてみてください。ひざの高さが左右同じになり、楽にあぐらを組むことができます。

　その姿勢で尾骨の下に8分の1に折ったフェイスサイズのタオルを置きます。背筋がスッと伸びた姿勢になります。

　＊普段でも横座りは骨盤がゆがむので避けましょう。

● 呼吸法

　このマッサージは、すべて腹式呼吸でおこないます。

　鼻から息を吸って、口から息を吐く時に口をすぼめて「フ～～」と声を出します。何度も口から息を吐くとのどを乾燥させるので口をすぼめておこないましょう。

　吸う時に横隔膜を下げてお腹に空気を入れる感じでお腹を膨らませます。息を吐く時は横隔膜を上げてお腹をへこませます。

　腹式呼吸は精神を安定させ、血圧を下げるともいわれているので、ぜひ覚えてください。女性は一般的に、胸式呼吸で肋骨を広げて呼吸していることが多いので、意識的にお腹を膨らます感じでおこないましょう。

1 せなか

背筋を伸ばしてお腹の赤ちゃんを感じ呼吸法の練習をしましょう。

（前奏で吐いて）

せーなかせなか
（吸って）

**せーなか
トントントン**
（吐いて）

**ゲップが
でたかな
トントントン**
（吸って）

トントントンたら
トントントン
(吐いて)

ゲープ
(吸って)(吐いて)

●方法
　ゆったりとした気持ちで、基本のあぐらを組む姿勢をとります。両手をお腹にそっと置き、背筋を伸ばして、目を閉じます。鼻から息を吸って口から出します。歌は歌いません。
　呼吸を整えて赤ちゃんをイメージして、赤ちゃんを感じてみましょう。

●ポイント
・基本姿勢を意識して姿勢を正します。
・気持ちを落ち着かせ、リラックスした自分を感じましょう。
・深くゆっくりと腹式呼吸をします。

2 お腹

右左にゆらしてお腹の張りをチェックし呼吸法の練習をしましょう。

おーなか（吐いて）
おなか（吸って）
おーなか（吐いて）
ポンポンポン（吸って）

おなかいっぱい
（吐いて）
ポンポンポン
（吸って）
ポンポンポンたら
（吐いて）
ポンポンポン
（吸って）

●方法

　基本のあぐらを組む姿勢をとり、体を右左にゆっくりとゆらします。

　この動作でお腹が張るか張らないかをチェックします。

　お腹が張っている時は、お腹が鼻の硬さぐらいになります。その場合は中止してください。張っていない時はほほのようなやわらかさです。

●ポイント

　「ポンポンポン」ではお腹をたたいてはいけません。お腹に手をあてて、体を右左に動かすことで腰痛予防になります。「ゲープ」でお腹の赤ちゃんに話しかけてみましょう。赤ちゃんもママを感じることでしょう。

●注意

　この軽い動作でお腹が張る場合は、これ以降のマッサージはしばらく中止して「わらべうた胎教BGM」でリラックスしましょう。

●方法

　基本のあぐらを組む姿勢をとります。「まっすぐ」で手をまっすぐ前に肩幅に伸ばします。「ばんざーい」で耳の横を通り上に上げます（背骨チェック）。「テンテンテン」で指で頭皮を刺激します。「パチパチパチ」で胸の前で手をたたきます。「ギュー」で、右手をまっすぐ左肩に寄せて左手で右ひじを胸に挟み右手の肩（僧帽筋）と右腕（上腕三頭筋）を伸ばします。左腕（上腕二頭筋）の筋力も作ります。左腕も同様におこないます。

●ポイント

- 肩こりの予防になります。
- 正しい姿勢で背筋を伸ばし、背骨の湾曲を正しく保ちましょう。
- 頭皮の百合の（頭の一番上にある）ツボを指先で刺激しストレス解消、軽くたたいて疲れをとりましょう。
- お腹の赤ちゃんにママの声を聞かせて早くから親子の絆を作りましょう。

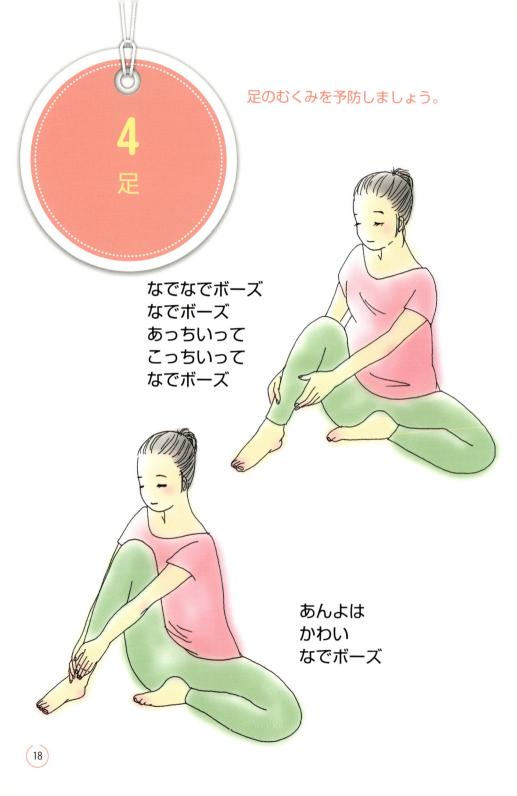

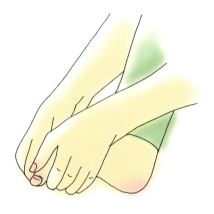
あっちいって

こっちいって

なでポーズ

● 方法

　基本のあぐらを組む姿勢から、片足を出してひざを少し曲げます。「なでなでボーズ…」では、足首からひざを通って太ももの上までマッサージします。4回おこないます。

　「あんよはかわい」でつま先から足首の上まで2回マッサージします。「あっちいって」で足先を向こうへ押します。「こっちいって」で足先を手前に引き、足の裏の筋肉とふくらはぎの筋肉を伸ばします。「なでボーズ」で、足の甲からひざ上までをマッサージして体液の流れを整えます。

● ポイント

❶太ももを自分のほうにぐっと引き寄せるとやりやすくなります。それにより便秘予防になります。お腹が大きくなった時は股を大きく広げておこなうとやりやすくなります。

むくみチェック方法

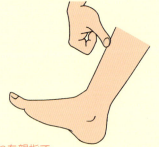

足のすねを親指で
押してみましょう。
へこんでいませんか？
へこんだままの時はむくみがあります。

❷足のむくみを予防するために下腿部(かたいぶ)（足首からひざ上まで）→足背(そくはい)（足の甲）→ひざ→太もも→の順にマッサージをおこない、体液の循環を整えましょう。

❸安産のツボともいわれる三陰交(さんいんこう)が刺激されて足の血流がよくなり冷えがとれ、入眠しやすくなります。

❹お腹が大きくなったらパートナーに協力してもらいましょう。

❺三陰交の効果
- 血行促進
- ホルモンバランスの調整
- 生理不順の改善
- 女性特有の不調の改善

　陣痛を早めるツボでもあるので出産までは温める、なでるにとどめましょう。出産時はツボを刺激します。

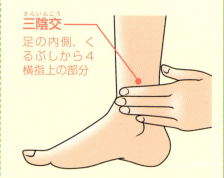

三陰交(さんいんこう)
足の内側、くるぶしから4横指上の部分

❻足裏とふくらはぎを伸ばすことでこむらがえりの予防になります。

❼「あんよはかわい」は足の甲のむくみをとります。

● 注意

静脈瘤(じょうみゃくりゅう)のある方は中止してください。

ひざひざボーズ
ひざボーズ
あっちいって
こっちいって
ひざボーズ

ぶるぶるボーズ
ぶるボーズ
あっちいって
こっちいって
ぶるボーズ

●方法
　「ひざひざボーズ」でひざ下から太もものつけ根までマッサージします。
　「ぶるぶるボーズ」で寝転がって、両手足を上げてぶるぶるとふるわせます。手足に滞った体液の流れを体の中心に流してむくみをとります。

●ポイント
　両手もいっしょにぶるぶると力を抜きます。起き上がる時は横になり片手をついてゆっくり起き上がります。

5 足の指

足の裏を伸ばして
こむらがえりを予防しましょう。

あかちゃんゆび
ころころピ
おねえさんゆび
ころころピ

おにいさんゆび
ころころピ
おかあさんゆび
ころころピ
おとうさんゆび
ころころピ

●方法
「あかちゃん」で足指を横に広げます。「ゆび」で足指を前後に動かします。「ころころ」で足指をくるくる回します。「ピ」で爪の両サイドを押さえて引っ張ります。

●ポイント
「ピ」で爪先の両サイドを圧すると井穴（せいけつ）のツボの刺激になります。血行を促進して足の冷えを防ぎます。
とくに逆子の時は足の小指の両サイド（至陰（しいん））をつまようじの細いほうで刺激するとよいとされ、よく助産院でおこなわれています。
つわりやアトピー、便秘にも効果的だといわれています。

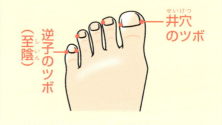

井穴（せいけつ）のツボ
逆子のツボ（至陰（しいん））

● 足の裏

ギュー　バー
ギュー　バー

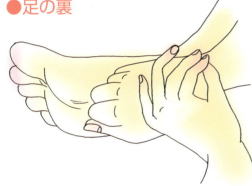

テンテンテンテン
ギュー　バー
テンテンテンテン
ギュー　バー

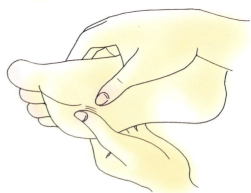

●方法
　「ギュー」で右手をグーにして、足の裏の湧泉（ゆうせん）のツボをしっかりと押さえてマッサージします。「バー」でお腹の赤ちゃんに向かって声をかけます。
　「テンテンテンテン」でも、親指で湧泉のツボ周りをまんべんなく押します。

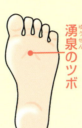
湧泉（ゆうせん）のツボ

●ポイント
❶湧泉は、自律神経のバランスを整えたり、全身の疲労回復やリラックス効果などがあります。
　手のにぎりこぶしに少し力を入れて足の裏をギューと押すととてもよい気持ちです。こむらがえり予防にもなります。
❷お腹の赤ちゃんも聞いているので、大きい声で「バー」といってあげましょう。赤ちゃんはバーが大好きです。少し恥ずかしいかもしれませんが、今から練習しましょう。

6 胸・お腹

妊娠線の予防と便秘予防をします。
呼吸法の練習をしましょう。

（前奏で吐いて）
あららハート
（吸って）

あららハート
（吐いて）

あららヒコーキ
（吸って）

★

をとばしましょ
（吐いて）

ブルンブルンブルン
(吸って)

ブルンブルンブルン
(吐いて)

ブルーンブルン
(吸って) (吐いて)

●方法

基本のあぐらを組む姿勢をとり、下腹に両手をあててじっとします。

1回目の「あららハート」は両手でじょじょに上にさすっていき乳房を持ち上げます。

2回目の「あららハート」で胸の両サイドに手をあて乳房を寄せます。「あらヒコーキをとばしましょ」でくりかえしましょう。

「ブルンブルンブルン」「ブルーンブルン」で「の」の字にゆっくりと2回マッサージします。

●ポイント

便秘予防のために「ブルンブルンブルン」は腸の走行に向かって、右下から右上に「の」の字にマッサージしましょう。

●注意

・正期産（37週以降）に入れば、多少お腹が張っても続けてください。それ以前はお腹が張る時は中止してください。
・お腹の表皮をやさしくさすります。

★をくりかえし

がとびました
(吐いて)

スイスイスイ
(吸って)

スイスイスイ
(吐いて)

スーイスイ
(吸って)(吐いて)

★をくりかえし

がゆれました
(吐いて)

チクチクチクチク
(吸って)

チクチクチクチク
(吐いて)

チークチク
(吸って)(吐いて)

★をくりかえし

がおりてきた
（吐いて）

シ――

● 方法

「スイスイスイ」では、お腹の中央に置いた手を両脇腹へ皮膚を引っ張るようにゆっくりとマッサージします。

「スーイスイ」でもう一度中央から両脇腹に向かってマッサージします。

「チクチク」では、お腹の赤ちゃんとタッチゲームをして楽しんでください。胎動に合わせて指全体でお腹をさわってお腹の赤ちゃんと遊びましょう。

「シー」では両手を下腹に置いてじっとします。お腹の赤ちゃんに終わりを教えます。

● ポイント

❶ 手をなめらかに動かすためにお腹から離さないようにおこないましょう。

❷ 妊娠線は急激な皮膚の伸びによって起きます。急激な体重増加も原因になります。とくにできやすいのは、下腹、胸、お尻、太ももです。皮膚の乾燥を防ぐため、お風呂あがりに妊娠線予防クリームなどを使って保湿や柔軟性を保つようにしましょう。「スイスイスイ」で妊娠線予防クリームを塗りすべりをよくして、両サイドへ皮膚を少しずつ伸ばしてマッサージしましょう。

● 注意

強くマッサージをしないでください。

7 手の指

手の指のむくみを予防しましょう。

あかちゃんゆび
ころころピ
おねえさんゆび
ころころピ

おにいさんゆび
ころころピ
おかあさんゆび
ころころピ
おとうさんゆび
ころころピ

●方法
　手の指を前後に4回動かして、ぐるぐると指を回して、「ピ」で爪の両サイドを押さえて引っ張ります。

●ポイント
　井穴（せいけつ）のツボを刺激し、手のむくみを予防します。

●注意
　10カ月近くになると指がむくんで指輪が抜けない時があります。早めに外しておきましょう。

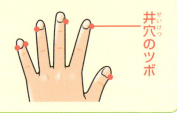

井穴（せいけつ）のツボ

●手のひら

ギュー　バー
ギュー　バー

テンテンテンテン
ギュー　バー
テンテンテンテン
ギュー　バー

●方法
　「ギュー」で手を組み、両手を前に伸ばし、頭を下げてお腹を見るようにして背中を丸めて猫の姿勢をします。
　「バー」で姿勢を正し、組んだ手を裏返します。そして背筋をそらして胸を張ります。その時に、お腹の赤ちゃんに「バー」と声をかけます。肩の高さに手を組み、手をたたいて「テンテンテンテン」をします。「ギュー　バー」「テンテンテンテン　ギュー　バー」をくりかえします。

●ポイント
　手を組む位置は、肩の高さより下がらないようにしましょう。
　猫の姿勢は腰を伸ばすポーズなので、できるだけ背中を丸めましょう。背筋を丸めたり伸ばすことで腰痛・肩こりを予防します。

8 背中 1人で

陣痛の時押さえる場所を確認しましょう。

あーちゃん
おせなか
なでましょう
クリクリ
クリクリ
クリクリ
クリー

あーちゃん
おせなか
なでましょう
タントン
タントン
タントン
トン

●方法
　「あーちゃんおせなかなでましょう」で、背中を腰上から下に向かってなでます。「クリクリ」で腰のあたりを回しながらなでます。「タントン」では、グーにしてにぎりこぶしの部分で腰を軽くたたきます。

●ポイント
❶「あーちゃん」では赤ちゃんの名前を呼びましょう。まだ名前がついていない時は仮の名前で呼びかけましょう。
❷骨盤（両腸骨）上縁の背骨中央より左右3cmのところを圧迫すると効果的です。出産の時この部分を軽くたたいたり圧迫すると痛みが楽になります。

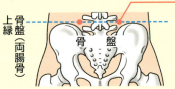

あーちゃん
おせなか
なでましょう
パカパカ
パカパカ
パカパカ
パカー

あーちゃん
おしりを
なでましょう
ぐるぐる
ぐるぐる
めがまわる

あーちゃん
おせなか
なでましょう
おおきく
おおきく
せがのびる
もっともっと
おおきくなーれ

● 方法

「パカパカ」では、手を開いて腰をたたきます。「ぐるぐる」では、両サイドのお尻を丸くなでます。「おおきく…」では、背中を腰上から下に向かってなでます。「もっともっとおおきくなーれ」ではお腹に手をあててお腹の赤ちゃんに向かって声をかけます。

● ポイント

❶ 妊娠線予防クリームを使うとお尻の妊娠線予防にもなります。
❷ お腹の赤ちゃんに向かって成長の願いを込めて声をかけます。赤ちゃんとの愛着を形成しましょう。
❸ 陣痛の時は腰が砕けそうなくらいの痛みがあるという人がいますので、今のうちに自分が一番楽になる場所を探しておきましょう。

9 背中
2人で

パートナーとお産の準備をして赤ちゃんを迎えましょう。

あーちゃんおせなか
なでましょう
クリクリクリクリ
クリクリクリー

あーちゃんおせなか
なでましょう
タントンタントン
タントントン

あーちゃんおせなか
なでましょう
パカパカパカパカ
パカパカパカー

あーちゃん
おしりを
なでましょう
ぐるぐる
ぐるぐる
めがまわる

あーちゃん
おせなか
なでましょう
おおきくおおきく
せがのびる
もっともっと
おおきくなーれ

●方法

　パートナーやお産の時に手伝ってもらえる人とおこないましょう。方法は１人でおこなう時と同じです。

　出産の時腰の痛みを和らげるコツを２人で探しておくとよいでしょう。

　最後の「もっともっとおおきくなーれ」では抱くようにして相手にハグをしてもらいましょう。

　予定日超過の時は「はやくはやくでておいで」といいましょう。

●ポイント

❶パートナーは肩から腰までなでる時自分の体重をかけてなでましょう。ママはとてもよい気持ちです。

❷２人でハグをして、赤ちゃんに大きくなーれと願いを込めます。ママよりもパートナーのほうが赤ちゃんの存在を自覚しづらいので、このマッサージで赤ちゃんへの愛着形成を積極的におこないましょう。

❸ハグすることで、ママに安心感を与えます。体全体をしっかりと包みこむように上から抱きしめましょう。

10 顔

肩こり、目の疲れを予防しましょう。

うさぎのおみみはピョンピョンピョン

●方法
基本のあぐらを組む姿勢をとります。両耳を上→中→下→中と指で押さえて引っ張ります。耳にもたくさんのツボがあります。

●ポイント
耳たぶをマッサージして肩こりを予防しましょう。
神門(しんもん)のツボとは不眠症対策、精神を安定させるツボです。

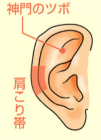

神門のツボ
肩こり帯

おさるのおかお
すうじの3

あーちゃんのあたま
よしよしよし
いいこいいこ
おしまい

●方法
「おさるのおかおすうじの」では、こめかみを回し目の疲れをとります。「3」で少しこめかみを押し上げてください。
「あーちゃんのあたま」で右手で頭を押さえて右にかたむけます。左手で頭を押さえて左にかたむけます。

●ポイント
❶顔面、頭、目の疲れ、肩こりと首こりを予防しましょう。
❷肩こりと首こりの予防には顔を正面に向けます。首をかたむける時に、手の重みを利用するとストレッチ効果が高くなります。

胎教って何ですか？

胎教とは

　胎教とは胎内教育の略です。胎教と聞くと、どうしても早期教育で天才児を育てるための教育とイメージする人が多いようですが、お腹の赤ちゃんとスキンシップをとったり（実際には触れることはできませんが）、コミュニケーションをとることをいいます。

　胎児期に親からの情報は赤ちゃんの記憶となり、その記憶の遺伝子が、生まれた後の子どもの脳と身体の記憶になるといわれています。

　また、赤ちゃんはお腹の中にいる頃から、五感がかなりの速さで形成されていくため、たくさん話しかけたり歌を歌ってあげたり、お腹を軽くさすったりしてあげれば、それが伝わり絆が深まるといわれています。

　わらべうた胎教マッサージをはじめる前に、お腹の赤ちゃんをイメージしてみましょう。

　「女の子かな？」「男の子かな？」「どんなお顔をしているのかな？」

　想像力を膨らませて、赤ちゃんとテレパシーで会話をしてみましょう。

　ママが、気持ちいい、楽しい状態の時は、赤ちゃんも同じように感じているのです。

　たとえば、花が美しいと感じたり、花がいい匂いで気持ちいいと感じたら、その気持ちを素直に

赤ちゃんに伝えてあげましょう。きっと赤ちゃんにも同じ気持ちが伝わります。それが胎教です。

胎教の方法

　胎教には、昔からクラシック音楽がよいとされています。なかでもモーツァルトやビバルディが有名です。
　クラシック音楽がなぜ胎教によいのかというと、それはアルファ波が出やすいといわれているからです。
　アルファ波は私たちの脳から出る「脳波」の一種です。ストレス解消や免疫力を高める働きがあります。小川のせせらぎや心臓の音、電車や車にゆられる時の振動などが出やすいといわれています。人は心地よい気持ちを感じると脳波がアルファ波状態になるようです。
　クラシック音楽がよいとされていても、どうしても苦手だというママもいるでしょう。そんな時は、決して無理をしてはいけません。どんなに胎教によいとされる音楽も、ママがストレスを感じながら聞くことは逆効果です。
　自分に合った音楽を選びましょう。

わらべうたの力

　この「わらべうた」は音程がやや高めに作られ

私は、妊娠6カ月の頃から、毎日起きた時と寝る前に「わらべうたベビーマッサージ」の絵本を読み、この音楽をかけていました。生まれてからも、その絵本と音楽があれば、赤ちゃんはすぐに寝てくれます。

ています。それは赤ちゃんの耳に心地よく響く音です。また、くりかえしのフレーズが多く、耳になじみやすくすぐに覚えられます。

そんな歌なので「なつかしい」「いやされる」との声が寄せられています。リラックスでき、アルファ波が作り出されているからかもしれません。

胎教と絵本

お腹の赤ちゃんに絵本を読んであげると、ママ自身もリラックスでき、赤ちゃんとのつながりを深めることができます。絵本を読んで聞かせることで、まだ見ぬ赤ちゃんの存在をだんだん実感できるようになるからです。

この本にも絵本と同じように、お腹の赤ちゃんとコミュニケーションをとるためのしかけがたくさん組みこまれています。

わらべうた胎教マッサージで赤ちゃんに歌を聞かせてあげましょう。「バー」と声をかけるマッサージもあり、生まれてから自然と赤ちゃんに声かけができるようになります。

胎話をしましょう

お腹の赤ちゃんに話しかけることを、「胎話（たいわ）」といいます。

マイクやラッパ、聴診器のようなものをお腹に

ママの声

アルファ波が脳から出ているからか、私はBGMを聞くとすごく眠くなります。

あてて話しかけることがありますが、そんな道具を使わずに、少しだけ声を大きくして話しかけてみてください。ママがリラックスしている時に、ゆったりとした気持ちで話しかけてみましょう。

　赤ちゃんは妊娠8カ月でママの声を聞き分けることができるといわれています。赤ちゃんを迎える準備にもなりますので、パートナーやきょうだいなど家族みんなでたくさん話しかけてみましょう。

　かけ声に迷った時は、この「わらべうた」を歌ってあげてください。

●話しかけのポイント
1. お腹の赤ちゃんに聞こえるように少し大きな声で話しましょう。
2. 聞きとりやすいようゆっくりと話しましょう。
3. 口を大きく開けて、はっきりと話しましょう。
4. 心をこめて話しましょう。
5. 赤ちゃんの大好きな少し高めの音で話しましょう。

英語で胎教をしましょう

　英語を身につけるには、生後6カ月以内にネイティブの発音を聞かせるとよいといわれています。

ママの声

妊娠中の親子のコミュニケーションは、生まれてからの何倍も効果があると実感しています。

お腹の中にいる時から、きれいな英語の発音に触れさせれば、自然と発音や抑揚が身につきやすくなるのではと思います。

この本の姉妹版『CD付 改訂版わらべうたベビーマッサージ』（合同出版）には英語の歌が収録されているのでぜひ使ってみてください。

タッチゲームで遊びましょう

お腹の赤ちゃんの胎動にママが応えてコミュニケーションをとることを「タッチゲーム」といいます。胎動に合わせてお腹をタッチして、赤ちゃんと対話を楽しみましょう。

マッサージの最中、赤ちゃんの気分がよいと、「ぐるぐる――ん」と大きな動きをすることがあるそうです。そんな時は、「ちゃんと応えてくれたのね」とか「わかってるんだー」とお返事してあげるといいですね。

まだ言葉を理解することができませんが、やさしく語りかけるママの声や調子や音はきちんと届いています。

わらべうたを日本語で歌うともちろん喜びますが、英語で歌うともっと反応がよくて「Back Back」を「バッバッ」と歌っているように聞こえました。この子は英語のほうが好きなのかなと思いました。また英語が流れると体を動かしてリズムをとっていました。

お腹に手をあててじっとしているとポコポコと胎動を感じたので「ここをけってごらん」といってお腹を2回ポンポンと軽くたたいてみました。すると少し遅れてちゃんとけってくれたのです。わかっているんだと何だかうれしかったです。

2 わらべうた胎教マッサージって何ですか?

わらべうた胎教マッサージとは

　胎教は、「赤ちゃんのためのもの」「赤ちゃんによいから」とおこなう方も多いと思いますが、私はママにも赤ちゃんにも、そして産後の子育てにも役立つ胎教であってほしいと思って、このわらべうた胎教マッサージを作りました。
　わらべうたをお腹の赤ちゃんに歌ってあげながら、自分の体をマッサージして、妊娠中起こりがちな、便秘や足のむくみなどのマイナートラブルを予防します。家族みんなでおこなえば、新しい家族を迎えるための準備になります。
　わらべうた胎教マッサージで、リラックスして楽しい妊娠生活を送ってください。

お腹の赤ちゃんへのケア

●赤ちゃんにママの言葉が届きます
　お腹の赤ちゃんに届く音は、ママの内臓音に消されるため、500ヘルツ前後の比較的高い音といわれています。わらべうた胎教マッサージは、440ヘルツ前後で、お腹の赤ちゃんに届きやすい音の高さで構成されています。
　ママが歌いながらマッサージをおこなうと、お腹の外からの音と、体内の振動を通した音の2種類が赤ちゃんに届くことになります。毎日、赤ち

ママの声

先日、親子カフェの会場でこのわらべうたを歌ったところ、そのお店のスタッフとして働いている妊娠5カ月の妊婦さんが「日中は全然動かないんですが、この歌を聞いたとたん動き出しました」と、びっくりしてレッスン後に報告をしてくれました。

ママの声

私がお腹のマッサージをしていると２歳になる娘が、自分のお腹を出してマッサージのまねをしていました。お姉ちゃんも赤ちゃんを迎える準備ができていいなと思いました。

ゃんにママの声を聞かせてあげましょう。

●生まれてからの昼夜の逆転を予防します

朝日を浴びながら胎教をおこなうと、赤ちゃんの昼夜逆転が少なくなるといわれています。

●赤ちゃんの情緒が安定します

赤ちゃんの情緒はママが赤ちゃんにどれだけ関わるかどうかと関係しています。

妊娠中たくさん話しかけ歌ってあげると、お腹の赤ちゃんもママの声を覚え、胎内にいる時から親子の絆ができ心が満たされて生まれてくるのかもしれません。情緒が安定しているため、むだなぐずりが少なく子育てもしやすくなるようです。

●子育てをサポートします

お腹の中でこのわらべうたをずっと聞いていた赤ちゃんは、生まれてもこの歌を覚えています。赤ちゃんが泣いたら、歌ってあげましょう。これから子育てをしていくママの心強いお守りになるはずです。

●赤ちゃんの脳の発達を促します

胎児期の脳はすごいスピードで細胞分裂し発達しています。この時期に胎教など意図的な働きかけをおこなえば、赤ちゃんの脳はより活性化すると考えられています。また胎児の脳の発達には、

ママのストレスが影響するという研究もあります。

　目を閉じてゆったりとした気持ちで赤ちゃんに意識を集中して、わらべうた胎教BGMを聞いてみましょう。とくに目を閉じるとリラックス作用のあるアルファ波が出やすいといわれています。

ママへのケア

●妊婦の睡眠のリズム
　妊娠するとホルモンの働きにより、睡眠の質やリズムに変化が起こります。とくに妊娠後期になると胎児が膀胱を圧迫することもあり、夜間もトイレのために目を覚ますことがあります。

　また寝返りをすることができず、胎動も激しくなり熟睡できなくなります。寝る前にはわらべうた胎教マッサージをおこないましょう。

　とくに足のマッサージをすると血液の流れがよくなり体が温かくなります。音楽とマッサージの2つのリラックス効果で健やかな睡眠を得ましょう。

●妊娠によるストレスを予防します
　妊娠中は、思うようにならない自分の体へのストレスや、周りからの期待によるプレッシャー、妊娠・出産・子育てへの不安など、さまざまなストレスを抱えています。

　わらべうた胎教マッサージを毎日実践して自分

ママの声

私は2児のママですが、お腹に赤ちゃんがいる時の子育てはつらかったので、適度なマッサージを歌いながら楽しく過ごせるのは心強いと思います。だれもが不安を抱える時期、マタニティブルーを上手に乗り越える方法の1つだと思います。

ママの声

胎教マッサージをするようになってから毎日快便です。自分で「あーちゃんおせなか」のマッサージをするようになってからは、腰痛もなくなりました。

自身の身体的不安や出産への不安などの解消に努めましょう。

● 便秘を予防します

妊娠すると赤ちゃんが腸を圧迫することもあり、今まで便秘とは無縁だった人も便秘になりやすくなります。

足のマッサージ（「足」p.18）で足を自分のほうへ引き寄せる姿勢をとることや、「胸・お腹」（p.24）のマッサージで「の」の字のマッサージをして便秘を予防しましょう。

● 足のむくみを予防します

妊娠後期は、お腹が大きくなると同時に体重増加で体内水分量が増えてきます。大きなお腹によって下半身の血流が悪くなり、むくみができやすくなります。とくに足はむくみが発生しやすい部分なので、マッサージをおこないましょう。

一番むくみが出やすい足首からひざ上のほうに向かってマッサージします。次に足背（足の甲）、ひざ、太ももの順でおこないます。最後に足全体のマッサージをします。

1人でできない場合はパートナーにマッサージをしてもらうとよいでしょう。むくみがひどい場合は、寝る前にマッサージをした後、座布団などの上に足をのせて少し高くした状態でそのまま寝るとよいでしょう。

●妊娠線を予防します

妊娠線はママの急激な体重増加に関係しているので、体重管理をしっかりおこないましょう。妊娠線の予防クリームなどを塗り、皮膚にうるおいを与えると妊娠線ができにくいといわれます。

とくに妊娠線ができやすい、下腹、胸、お尻、太ももには「胸・お腹」(p.24)のマッサージをおこなう時に、妊娠線予防クリームを使って、ケアをするとよいでしょう。

予防クリームにはいろいろなものがありますが、妊娠によるホルモンの変化で今まで使っていたものが合わない時もあるので、自分でパッチテストをして異常がなければ使うようにします。

●腰痛、肩こりの予防をします

妊娠により体の重心が後ろへ移動するため、お腹を突き出した姿勢になりがちです。それにより、腰痛や肩こりが起きやすいので、「体操」(p.16)「顔」(p.34)のマッサージで姿勢を正し予防しましょう。

●安産のための体を準備します

妊娠するとリラキシンというホルモンが多く分泌され、骨盤周辺の関節がゆるんでいきます。わらべうた胎教マッサージの基本姿勢であるあぐらを組み、骨盤を赤ちゃんが通りやすいすり鉢状に保ちましょう。

ママの声

私は妊娠線ができないと思っていたのですが、出産後お腹を見ると妊娠線がありショックでした。妊娠でお腹が大きくなり下腹が見えていなかったことがわかりました。

また腹式呼吸をマスターして、陣痛の時に酸素不足にならない練習をしましょう。

●父性を育てましょう

　出産は1人で頑張るのではなく家族といっしょに新しい家族を迎えるための準備をするのが理想です。

　「背中　2人で」(p.32)のわらべうた胎教マッサージで、妊娠中からパートナーや家族と出産をいっしょに乗り切る方法をシミュレーションしてみましょう。

　パートナーはママほど赤ちゃんの存在を実感できません。妊娠中から赤ちゃんとの関わりを持つと、これからのパートナーの子育てへの関わりが変わってくるのでぜひいっしょに練習してみましょう。

●母乳育児のためのおっぱいを整えます

　胎動を感じたら乳頭の手当をしましょう。

　わらべうた胎教マッサージでは、胎動を感じたら「胸・お腹」(p.24)で乳房の基底部を動かすマッサージをします(図1)。乳房の基底部とは、おっぱいのつけ根あたりのことで、ここには乳房組織を支配している血管が通っています。その血液の流れをよくすることで母乳の出がよくなるといわれています。

　ただし、子宮の収縮に深く関係しているのでむや

助産師メモ

母乳は白い血液といわれています。血液の流れをよくすることで母乳が出てきます。

みにおこなわず医師の指示に従ってください。

産後、乳房がカチカチに硬くなったり母乳が足りないママは、授乳前に「胸・お腹」のマッサージをしてみてください。

胸を上げたり寄せたりすることで皮膚を伸ばし肩こりをとりのぞきます。また血液の流れがよくなり、乳根のツボ（第五肋骨と第六肋骨の間にあるツボ）の刺激で母乳の分泌がよくなります。

＊「胸・お腹」はお腹が張っている時、逆子など異常妊娠の時は中止してください。

●母性脳を目覚めさせます

母性脳とは赤ちゃんがかわいいと思える脳、赤ちゃん中心に考える脳のことです。

産後はオキシトシンというホルモン（別名愛情、幸福ホルモン）が分泌され、母性脳を目覚めさせるといわれています。その働きにより、これまで自分を中心に考えてきたのが、自分よりまずは赤ちゃんを一番に考えるように変化していきます。妊娠中からお腹の赤ちゃんとの触れ合いや語りかけを通して、赤ちゃんを愛おしい、守ってあげたい、と思える「母性脳」を育てていきましょう。

最近子どもが生まれても「子どもがかわいいと思えない」人が増えています。子育てとは楽しいことばかりではありません。出産前から母性脳を育んでほしいと切に願っています。

このわらべうた胎教マッサージが親子の絆を深めることに役立つと信じています。

図1　乳房の断面図

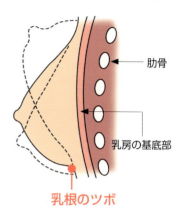

肋骨
乳房の基底部
乳根のツボ

ママの声

産後にわらべうた胎教マッサージを教えてもらったのですが、その夜は子どもが泣かずに寝てくれました。「母乳が出ている」のだと実感しました。

3 妊娠時期とわらべうた胎教マッサージ

妊娠6カ月です。朝から横腹が張るような動きにくさを感じました。お腹をさわったらゴチゴチに固くなっていました。「わらべうたベビーマッサージの音楽を聞いただけで張りが治まった」と話すママ友の話を思い出したので椅子に座ってお腹に手をあてて音楽を聞いてみると、それが本当によくなったのです！　ビックリするくらいスーッと張りが治まりました。

妊娠初期（妊娠0週〜15週）

●妊娠初期の胎教

　妊娠と気がついたら、付属のDVD「わらべうた胎教BGM」を聞くだけで十分です。リクライニングの椅子に座って何も考えず、目を閉じて、赤ちゃんに意識を集中させて、リラックスした気分で聞いてみましょう。また、DVDを観ながら無理せず過ごしましょう。

　妊娠がわかるのは、次の月経予定日頃です。その時すでに妊娠4週となります。妊娠したかどうかわからないこの時期が、一番お腹の赤ちゃんにいろいろな影響を与えるため、服薬、風しんなどの感染症、食品の安全性、身の回りの環境汚染など注意が必要です。

●妊娠初期のママの心理的特徴

　妊娠を喜び、期待を膨らませる時期ですが、身体的変化がさほど顕著ではないため、妊娠の実感や赤ちゃんの存在感がありません。今までと同じような行動をしたいのに、思い通りにいかないため葛藤が生じ、悲観的になることがあります。

　また妊娠するとホルモンの変化により気分の変動も著しく、アンバランスな感情を持ちやすくなります。

　例えば、赤ちゃんができて「幸せだ」と思う半

面、変化する自分の体に「不快」な感情を持ったり、赤ちゃんがいる未来に「喜び」を感じる一方で、今後の生活に「不安」を感じたり、制限が多い生活へ「不満」を抱いたりします。

また妊娠したことにより周囲からの気遣いを受け、それをうれしく受け止め、妊婦であるという自覚を持つ半面、これまでとは違う生活スタイルになることもあり、焦燥感・無力感を感じることもあります。

●つわり

つわりは妊娠7週頃からはじまり、9週から12週がピークで、妊娠16週ぐらいに治まるといわれています。個人差があり、なかには10カ月続く人もいます。

胎盤を作る役割をするホルモン（ヒト絨毛性（じゅうもうせい）ゴナドトロピン）が急激に大量に分泌され、体がついていけないため起こるといわれています。また赤ちゃんをママの体の中では異物と捉えて排除しようとする拒否反応のようなものともいわれます。

つわりで吐くと体液のバランスが崩れやすく、いっそうつわりがひどくなります。

とくに空腹時につわりがひどくなるといわれていますので、枕元にクッキーなどを置いて、朝目が覚めたらまずお腹に少し入れてから起き上がるとよいでしょう。

胎教マッサージをしていると、つわりのようなムカムカが落ち着くようです。口ずさんでいると、自分もリラックスしている感じがします。出産が楽しみです。

つわりの対処法は、「食べられる時に、食べられる物を、食べられる量、食べましょう」が基本です。
つわりには、次のような症状があります。

吐きつわり……1日中、吐き気に悩まされ、実際に吐いてしまう典型的つわりのことです。
匂いつわり……匂いに敏感になります。今まで好きだった匂いが嫌いになることがあります。
食べつわり……空腹になると吐き気がひどくなるので、ついつい食べてしまうつわりです。
眠りつわり……基礎体温が高温になるためむしょうに眠気が襲ってきます。

つわりは人によってさまざまな症状や程度があります。どうしてもひどい時は医師に相談してみてください。電解質ビタミン、水分などを補給して治まることもあります。
つわりで心配なのが赤ちゃんの発育ですが、これはママがこれまで蓄えてきた栄養で十分に足りるため、ほとんど心配いりません。
つわりがあるのは赤ちゃんが元気な証拠です。そう思って乗り越えてください。時期がくれば必ず治まります。

●**妊娠初期に控えたい食品**
トキソプラズマ（健康に害を及ぼす原虫）や、

食物アレルギーの予防のため、レバー、馬刺し、お刺身、生卵、生の牛乳は、なるべく控えるか火を通してから食べましょう。カレーなど刺激物も控えめに。また、ペットなどの動物へ口移しで食べ物を与えないようにしましょう。

●気をつけたい病気・トラブル

出血……妊娠初期は、まだ赤ちゃんを自覚できない、それでいて母体は元気なためどうしてもいつものように動いてしまいます。少しの出血も軽く考えないで安静にしてください。腹痛を伴う時は、絶対安静が必要です

切迫流産……切迫流産とは流産になりそうな状態をいいます。この時は必ず安静が必要です。医師の指示に従ってください。

●妊娠中の安静の程度

安静をわかりやすく度数で表してみます（医療機関により違いがあります）。

第1度……絶対安静。終日ベッド上で横になっている。トイレも食事もベッド上でおこなう。
第2度……トイレのみ歩行可能。他はベッド上でおこなう。
第3度……トイレと食事のみ可能。少し歩けるようになるがほとんどベッド上で過ごす。
第4度……軽い家事は可能。

第5度……家事は可能。外出は禁止。

　安静を余儀なくされた時、そんな時こそ「わらべうた胎教BGM」でお腹の赤ちゃんと対話をして心身ともにリラックスするようにしてください。

●流産予防

　自分でできる流産予防は、とにかく体を冷やさないことです。なぜ、冷やしてはいけないのでしょう？　それは冷やすと血液の流れが悪くなるからです。子宮を取り巻いている血管が収縮しないようにして、赤ちゃんへ十分に栄養が届くようにしましょう。

　とくにお腹を冷やしてはいけません。冬は、ゆったりした腹巻きや毛糸のパンツをはきましょう。お腹を冷やすと下痢をしてしまうことがあります。腸の刺激で流産になることもあります。

　肩も冷やしてはいけません。夏はクーラーのあたりすぎに気をつけてください。風邪は首からといわれるように、冬はタートルネックのセーターを着てください。

　また、足首を冷やさないこと。靴下は2枚重ねてはきましょう。足のくるぶしから4横指上のところに三陰交（さんいんこう）というツボがあります（p.20参照）。そこは妊娠を保持させるツボともいわれます。その部分がかくれるくらいの長さのものがよいでしょう。

でもどんなに注意して過ごしていても、悲しいことに流産してしまうこともあるのです。もしそうなってしまっても、決して自分を責めないでください。

妊娠中期（妊娠16週〜27週）

●妊娠中期の胎教
胎動を感じたら、胎教マッサージをはじめましょう。この時期は胎盤も完成し、つわりも終わり安定期に入ります。外出もできるようになり、活動的な時期になります。

毎日「わらべうた胎教マッサージ」をして手技を覚えましょう。

●妊娠中期のママの心理的特徴
この時期はプロゲステロン（女性ホルモンの1種）の作用により、高揚感を感じ、精神的にもとても安定します。お腹も目立ちはじめ胎動を感じて、やっと赤ちゃんの存在を実感できるようになり、母親としての自覚や幸福感に満たされます。

しかし、パートナーはそんな心理的変化はママほどありませんので、積極的に赤ちゃんと関わるように、いっしょにわらべうた胎教マッサージをされることをおすすめします。

> **助産師メモ**
>
> 胎動は腸の部分がボコボコと動く感じや、手のひらにのせた金魚がくねくねする感じです。まずはそうかもしれないと感じた日を母子手帳に記録しておきましょう。あとでそれが胎動だったと気がつくはずです。

●妊娠中期のママの身体的ケア

❶一般的には切迫流産の危険が少なくなり安定期になります。食欲も出てきますので体重増加には注意してください。妊娠中期では1カ月で1キロまでに抑えましょう。全期間で8〜12キロ増加、もともと体重が標準以上の人は5〜6キロ増加に抑えましょう。

❷リラキシン（卵巣、胎盤より分泌されるホルモン）の作用により関節がやわらかくなります。この時期はあぐらを組む基本姿勢をしっかりとして産道を広げるようにしましょう。

❸足のマッサージは妊娠後期にそなえてむくみ予防の手技を練習しておきましょう。

❹骨盤がゆるみだした頃にこむらがえりが起きやすくなります。こむらがえりとは、足の裏の筋肉と足のふくらはぎの筋肉が突然収縮することをいいます。原因は疲れ（運動不足）ともいわれますので、中期より予防に努めましょう。

「足」のとくに「あっちいってこっちいって」(p.19)のわらべうた胎教マッサージをしっかりとおこないましょう。足の裏も力を入れてマッサージしましょう。

❺中期は、妊娠線予防クリームなどを利用して皮膚にうるおいを与え、弾力を保つようにしましょう。妊娠線のできやすい、下腹・胸・お尻を中心にクリームを塗ってやさしいタッチで表層部のお腹のマッサージをしましょう（「胸・お腹」

妊娠時期とわらべうた胎教マッサージ 3

p.24)。

❻肩こりの予防のために、「体操」(p.16)や「手の指」(p.28)、「顔」(p.34)のわらべうた胎教マッサージも合わせておこないましょう。

妊娠後期（妊娠28週〜36週）

●妊娠後期の胎教

妊娠後期になると、お腹の赤ちゃんはママが楽しかったこと、悲しかったことなどなんでも記憶していきます。この時期のわらべうた胎教マッサージは楽しい気分でおこなってください。

これからいろいろな妊婦トラブルが起きてくる時期でもありますので、快適な妊婦生活を送るためにも予防に力を入れてわらべうた胎教マッサージをしましょう。

●妊娠後期のママの心理的特徴

妊娠も後期になると、頻尿・不眠・動作の緩慢など身心の変化により、内向的になりやすくなります。また、出産への不安、子育ての不安、身体的、経済的なことなどいろいろな不安が生まれてきます。それら1つ1つの不安を取り除いて出産にのぞんでほしいと思います。

とくにはじめての出産は、「痛くないか」「無事に生まれるか」と心配になりますね。陣痛の痛み

妊娠中からわらべうた胎教マッサージを聞いていました。お腹にいた娘は生後2カ月になりますが、この歌を聞かせるとニコニコします。また、すぐに寝てくれることもあります。

> **助産師メモ**
>
> 呼吸法をあまり練習しない人が多いのが残念です。とくに分娩中に赤ちゃんの心臓の音がゆっくりになるとこの呼吸法が必要です。分娩中は多々あることなのでしっかりと腹式呼吸の練習をしておきましょう。

は、経験してないから、わからないから不安になります。母親教室や本などで情報を収集して、わからないところは遠慮なく健診時に質問して不安を取り除いてください。安産かどうかということは考えても仕方ないことです。「案ずるより産むがやすし」のことわざの通りです。

一方で出産に向けてのママの体作りが必要な時期です。今から出産に向けて体調を整えていくことは、不安を取り除く最適な方法です。そのために「わらべうた胎教マッサージ」を毎日練習して「自分は頑張った」と思える自信をつけましょう。

● **妊娠後期のママの身体的ケア**

❶「**せなか**」(p.12)

出産の時、腹式呼吸をおこなうことは「ラマーズ法」でもよく知られています。横隔膜を息を吸う時に下げて息を吐く時に上げます。これにより腹部の側面と前面を最大限に動かすことができ酸素をたくさん体内に取り込むことができます。

❷「**お腹**」(p.14)

体を左右にゆっくりとゆらしながら腹式呼吸をおこないます。赤ちゃんが骨盤の中を回りながら下がってくる時の第1回旋(かいせん)をサポートする動きです。

❸「**足**」(p.18)

後期後半から足のむくみが出てくる人が多くなりますので、より積極的にマッサージをおこなっ

ていきましょう。それにより妊娠高血圧症候群の1つであるむくみの予防になります。

　足のむくみがある時は、足先を座布団の上に置いて体の水分が心臓のほうに流れるようにマッサージをしていきます。表皮をマッサージする感覚でおこないます。マッサージ後はそのまま寝てしまうのが一番効果があります。ただし、静脈瘤(じょうみゃくりゅう)がある場合は足のマッサージは中止してください。その場合は圧迫ソックスなどを利用してください(薬局などで売られています)。

　後期になれば、こむらがえりの回数が増えてきます。「足」(p.19)のマッサージで足先を前に後ろに倒して予防をしましょう。寝起きは、まず足を直角にして足の裏の筋肉とふくらはぎを伸ばしてから起きあがると予防になります。

❹「足の指」(p.22)
　足のむくみがある時は、足の背もむくんでくることがあるのでいっしょに足指も動かし、足の裏の指圧もしましょう。

❺「胸・お腹」(p.24)
　急にお腹が大きくなると妊娠線が出やすいので、下腹の表皮を少しずつ伸ばすように両サイドに引っ張りましょう。また、体重管理もしっかりとして急に太りすぎないように注意しましょう。
　中期と同様、妊娠線予防クリームなどを使って表皮をやさしくタッチしながらおこないます。便秘の人は「の」の字のはらうところでS状結腸を直

ママの声

「なでなでポーズ」(p.18)をした後は、むくみがよくなっていました。

助産師メモ

分娩第1期の所要時間は初産婦30時間未満、経産婦15時間未満を正常分娩といいます。その間妊婦はずっとパートナーに腰をさすってもらいたいものです。長時間ですが、そうあることではないので、ぜひ実践してほしいと思います。

腸に向かって少し押すようにわらべうた胎教マッサージをしましょう。

「胸・お腹」のところで、乳房のわらべうた胎教マッサージをおこないます。ただしお腹が張ってきた場合は中止してください。

❻**「背中　2人で」**(p.32)

パートナーといっしょに練習してみてください。男性はなかなか赤ちゃんの存在を実感できないのですが、ママのお腹が目立ってくると否応なしに赤ちゃんを感じることができます。この時期にパートナーといっしょにわらべうた胎教マッサージをおこない、2人の絆をしっかりとしたものにして赤ちゃんを迎えてほしいと願っています。

ママにとっては腰痛が起きる時期でもあるので、腰をさすってもらうだけでも楽になります。出産の時にパートナーに腰部のマッサージをしてもらう練習にもなります。

❼**「体操」**(p.16)、**「手の指」**(p.28)、**「顔」**(p.34)

肩こり、目の疲れ、頭痛の予防になるので、毎日おこないましょう。

❽**おりもの（帯下）**

この時期はおりもの（帯下）が増えてきます。おりものシートを使う人がいますが、通気性が悪いため雑菌が繁殖しやすくなるので、綿の下着をこまめに交換することをおすすめします。カンジダ・トリコモナスなどの真菌は、子宮口を知らない間に開いてしまう怖れがあるのでとくに注意が必要

です。
　お下は常に清潔を心がけてください。とはいえトイレでウォッシャーを使い過ぎると、雑菌が膣内に入るのを防いでいる酸の濃度が下がってしまうので洗い過ぎに注意しましょう（膣内は常にpH4〜4.5の酸性に保たれています）。

正期産（妊娠37週〜41週6日）

●正期産の胎教

　妊娠予定日を過ぎると胎盤機能がじょじょに落ちてくるので、できるだけ予定日を超過しないよう出産するのがよいとされます。出産に向けてわらべうた胎教マッサージをおこないましょう。

●正期産のママの心理的特徴

　いよいよいつ生まれても大丈夫な期間になってきました。待ちに待ったはずなのに、いざ出産が近くなるといっそう不安になるママもいます。しかし、不安は安産の大敵です。逆に安心は安産への近道です。
　たとえば不安になると全身の筋肉が緊張してしまいます。子宮口も緊張し、なかなか赤ちゃんが下りてこないため体力も消耗してしまい、結果出産が長引いてしまいます。
　安心して出産にのぞむと全身の筋肉に余分な力を

入れることもなく、自然の流れに逆らわずにスムーズに進むことができ、結果的に安産になるのです。

今まで一生懸命にわらべうた胎教マッサージをして、お腹の赤ちゃんと対話を重ね、出産への準備や練習をしてきました。「大丈夫だ」と自信を持ってください。そしてだれかに「産ませてもらう」のではなく「自分でお産をするんだ」という自覚を持ちましょう。だれでも前向きになれば頑張れます。

● 予定日超過にならないために

❶ 毎日歩きましょう。少し汗がにじむぐらいがちょうどよいでしょう。最初はできる範囲で歩きます。歩けるようになったら、1時間ぐらい歩いて産後の体力も作りましょう。歩いた後は、腎臓の血流をよくするために、椅子に座って休むのではなく必ず体を横にして休みます。

❷ 乳頭の刺激をしましょう（図2）。「胸・お腹」（p.24）では乳房全体を上や横へ動かします。

❸ 下半身は温めて冷やさないようにしましょう。1日3回、5～10分間、三陰交(p.20)のツボを刺激し温めましょう。予定日超過の人は三陰交のお灸をおすすめします。

● 正期産の3大トラブル
❶ 下肢のむくみ
後期を参考に「足」（p.18）の歌に合わせてマッ

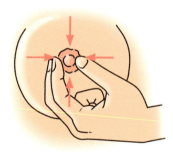

図2　乳頭刺激法

乳頭にオイルをつけて、親指と人さし指、中指で乳輪部をつまみ、乳頭を方向を変えながらひっぱり出します。
1日＝5分×3回おこないます。

妊娠時期とわらべうた胎教マッサージ 3

サージをしましょう。

❷高血圧

最高血圧140mmHg以上最低血圧90mmHg以上は注意して、医師の指示に従ってください。腹式呼吸で血圧は下がりますが、病的高血圧は医師の指示に従ってください。

❸たんぱく尿

腎臓機能低下により起こるので、体を横にして腎臓を子宮で圧迫しないようにしてあげるのがよいでしょう。寝てばかりいると陣痛につながらず、赤ちゃんはどんどん大きくなっていくので、症状にもよりますが運動と安静をじょうずに組み合わせましょう。必ず医師の指示に従ってください。

●出産に向けてのわらべうた胎教マッサージ

　DVDを観ながら、あるいは音楽だけを聞きながら、リラックスします。子宮口が開いて赤ちゃんが下がってきているシーンをイメージトレーニングしながら、わらべうた胎教マッサージをおこないましょう。分娩時もわらべうた胎教マッサージの音楽を流しながら余分な力を抜いて頑張ってください。

❶「せなか」(p.12)

腹式呼吸をしましょう。陣痛がはじまると子宮が収縮し赤ちゃんも苦しいのです。赤ちゃんにたくさんの酸素を与えるためにもしっかりと腹式呼吸を練習しましょう。呼吸に集中することで気分

助産師メモ

分娩第1期は、子宮口が全開大になるまでをいいます。
分娩第2期は、赤ちゃんが生まれるまでの状態です。
分娩第3期は、胎盤が出るまでの状態です。
分娩第4期は、産後2時間までの状態です。

がまぎれ、陣痛が少し楽になるのです。
　「せなか」のあぐらを組む姿勢は、分娩第1期の時効果を出します。この姿勢はママの骨盤を広げるので、赤ちゃんも重力で下降しやすくなり必然的に分娩時間が短くなるのです。分娩初期はできるだけこの姿勢で乗り切りましょう。

❷「お腹」(p.14)
　陣痛が強くなると自然と体が動いてしまいます。この時左右にゆっくりと動かしてください。体を左右にゆらすことで分娩第1回旋時に、赤ちゃんが骨盤に頭を合わせていく手助けをします。分娩時第1回旋は、とても大事な回旋で、赤ちゃんがあごを引いた姿勢で狭い骨盤の入り口に入り、頭頂部より進んでいこうとする時です。ここで回旋ができなければ分娩までに時間がかかってしまいます。

❸「足」(p.18)
　陣痛が弱くなった時は三陰交を指圧し、温めて陣痛を促します。疲れている時は一度気分を変えてみるのもよいし、少し寝るのもよいです。体の声に耳をかたむけて自然な形で出産と向き合いましょう。
　出産の時にこむらがえりが起きた時は、「あっちいってこっちいって」(p.19)の「こっちいって」をギューと力を入れておこなうと治まります。

❹「胸・お腹」(p.24)
　陣痛がくるとお腹を中央から両脇に表皮を引っ

張るようにマッサージすると楽に感じる人と、さわることを嫌がる人がいます。自分が好きなほうをしましょう。

　陣痛が弱くなった時は、「胸・お腹」で陣痛を促すために乳房のマッサージをおこなってもよいでしょう。乳頭刺激でオキシトシンを分泌させて陣痛を強くすることもあります。

❺「背中」(p.30)

　陣痛が起きると腰や下腹に非常に強い痛みを感じる人がいます。とくに腰は「砕けそう」と訴える人もいます。四つん這いの姿勢になり、腰部から仙骨部に強く深く圧を加えると楽になります。その部位を出産時までにパートナーや介助者に教えて確認してもらっておくとよいでしょう（p.30「ポイント❷」参照）。

　四つん這いの姿勢になると、赤ちゃんの背骨が自然とママのおへそ側になり赤ちゃんが産道を回旋しやすくなります。ぜひやってもらいたい姿勢です。

● 予定超過になってしまった時

　歩いたり、三陰交の指圧やお灸、そして乳頭の刺激などよいと思うことをしても予定超過になることもあります。

　平常心で「いつか生まれる」と思っていても心理的には「まだかまだか」と周りの期待に押しつぶされそうになります。ここは「開き直る」こと

助産師メモ

陣痛が弱くなった時や疲れた時は寝るのも１つの方法です。副交感神経が活発に作用して体が回復し、また強い陣痛が起きます。
また、食事がとれない時はアメやアイスクリームなど甘い口あたりのよいものを少しでもとりましょう。糖分はエネルギーになります。

助産師メモ

分娩時お通じがしたいと感じた時は、赤ちゃんの頭が肛門を刺激しているからです。赤ちゃんが下がっていることがありますので助産師に伝えてください。

助産師メモ

トイレに座っていると気持ちがいいという人がいます。この姿勢は骨盤誘導線に沿って胎児の下降を促すことがあります。お試しください。

も1つの方法です。

張りつめた神経をフッと抜くことで筋肉の力が抜けて今まで硬かった子宮口がやわらかくなり陣痛がはじまることもあります。

● 出産を迎えるママへ

無事に元気な赤ちゃんを胸に抱かれることを祈っています。もし帝王切開での出産になっても、それは赤ちゃんにとって一番ベストな出産でありベストな処置と思ってください。今まで一生懸命にわらべうた胎教マッサージをして親子の絆を育んできたのです。その経過が一番大切なことです。それは育児への自信へとつながります。決して自然分娩だけがお産ではありません。

この世に1人の人間を授かったことは奇跡的なことで、女性にしかできない大事な仕事（使命）なのです。自信を持って大切に育ててください。子育てが楽しくなるよう応援しています。

わらべうた産後ダンスを
はじめましょう

　出産おめでとうございます。
　産後自宅から出ることもなく1カ月が過ぎたのではないでしょうか？
　赤ちゃんを連れての外出は難しく、また自分だけの外出も赤ちゃんのお世話で手いっぱいでできないとストレスを感じていませんか？　産後の体型も気になりますね。
　そんな産後のママのリフレッシュやダイエットになる「わらべうた産後ダンス」を紹介します。赤ちゃんといっしょにおこなうダンスなので、自宅でも、ちょっと外出してママ友たちといっしょにおこなうこともできます。
　胎教マッサージで使っていた音楽なので、ママにも赤ちゃんにも親しみやすく覚えやすいように作られています。赤ちゃんといっしょに楽しく快適な産後を過ごしましょう。

わらべうた産後ダンスをはじめる前に

●わらべうた産後ダンスとは
　わらべうた産後ダンスは、赤ちゃんの大好きなわらべうたの音楽に合わせて、ママが赤ちゃんを抱いておこなうダンスです。このダンスは、ラジオ体操、エアロビクス、社交ダンスの動きやステップで構成されています。難しい動きは避けています。簡単で楽しく、それでいて産後のママに必要な筋肉トレーニングができるように作られています。

●準備
- 動きやすい服装でおこないましょう。
- 使い慣れた抱っこひもを使いましょう。
- ママと赤ちゃんのための汗ふきタオル・着替えを用意しましょう。
- 水分も用意しましょう。

●ダンスの基本
- 赤ちゃんの首がすわってからおこないましょう。
- すべることがあるのではだしでおこないましょう。
- DVDの音量は少し大きめにすると、気分がすっきりストレスが発散されます。
- ピョンピョン跳ねると赤ちゃんの首に負担がかかるので、なめらかに重心を移動させながらステップをふみましょう。
- 毎日、15分は続けてみましょう。
- 初級編で物足りない人は中級編も楽しんでください。

●付属DVD
　付属DVDは、ダンスが覚えやすいように動きが複雑なところは、反転映像（ミラー版）になっています。DVDと同じ方向に動けば、簡単に産後ダンスの振りつけが覚えられます。

■足のストレッチ運動

■手をつないで楽しくダンス

●注意
- 産後すぐは避けてください。
- 赤ちゃんの体調が悪い時はやめましょう。
- 腰痛がある人、妊婦、その他医師の許可が必要な人はやめましょう。
- 無理を感じたら中止して休んでください。
- 時々水分補給をしましょう。

基本の抱っこ

●赤ちゃんの抱っこ

赤ちゃんを抱っこする時のポイントは4つです。

❶背骨の発達を妨げないよう、赤ちゃんの背中が丸くなるように抱っこします。

❷手はW字型、足はM字型に、股関節脱臼予防のため、足をまっすぐ伸ばさないように抱っこします。

❸抱っこひもでしっかりとママの体と密着させます。ママのおへそより上に赤ちゃんのお尻があるのが理想的です。

❹両手を赤ちゃんに添えましょう。赤ちゃんが寝た時は、首をしっかりと支えてください。

抱っこひもは、しっかりと密着させましょう。ママのにぎりこぶしが入れば大丈夫です。また、赤ちゃんの成長に合わせて調節できるものを選びます。

正しい抱っこは赤ちゃんだけでなく、抱っこするほうも楽で姿勢がきれいになります。腰痛が起きにくく疲れにくいので、長時間の抱っこができます。

赤ちゃんの背骨の発達と抱っこ

生後3カ月までの背骨はCの字型です。

7カ月頃、はいはいをするようになると大人と同じSの字型になっていきます。

赤ちゃんの姿勢（W字型とM字型）

ママの姿勢

　妊娠中、お腹を突き出して歩いていませんでしたか？　正しい姿勢は「耳を通った重心線が体の中心を通り、脚部を離れることなくかかとに達する」といいます。正面から見ると「両肩を結ぶ線は床に平行に、鼻とおへそを結ぶ線は床に垂直になっている」という状態です。この時には、背筋がピンと伸び、あごが引かれています。
　日常生活でもこの姿勢を意識するように心がけましょう。

正しい抱っこの姿勢

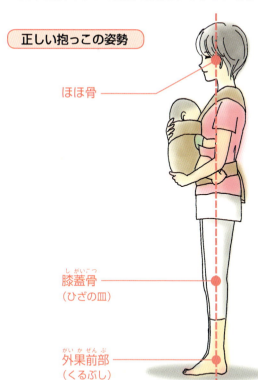

- ほほ骨
- 膝蓋骨（ひざの皿）
- 外果前部（くるぶし）

●注意

　抱っこひも着脱時、赤ちゃんを落とさないよう注意しましょう。
　正しい抱っこの姿勢は、図のようにママのほほ骨を通り膝蓋骨、外果前部を通る線で結ばれています。赤ちゃんを抱く位置により重心線が変わってきますので、ママのおへそよりも上に赤ちゃんのお尻がくるように抱くと重心が体の中心になり、正しい抱っこの姿勢になります。

1 足のストレッチ

すぐにダンスをはじめると足を痛めることがあるので、足のストレッチをおこないましょう。アキレス腱を伸ばし、ひざの周りの筋肉を鍛えます。

❶ せーなかせなか

❶右足を前に出し体の重心を前足にのせて左足のアキレス腱を伸ばします。

▶足を前に出しすぎるとバランスが不安定になるので、ふらつかない程度に足を出します。

❷ せーなか トントントン

❷上半身の姿勢を崩さずにひざを曲げて腰を落とします。ひざが床につかないようにしてキープします。

▶左足太ももの裏側（大腿二頭筋）、太もも（大腿四頭筋）、膝関節周囲筋が強化されます。

❸ ゲップがでたかな トントントン

❸元の姿勢にもどします。

▶右足太もも（大腿四頭筋）、骨盤と背骨を維持している腸腰筋が強化されます。

❹ **トントントンたら**

❹左足を前に出して、今度は右足のアキレス腱を伸ばします。

初級編

❺ **トントントン**

❺ひざを曲げてかがみます。

▶無理な時は短時間にしましょう。

❻ **ゲープ**

❻左足を元にもどします。

▶ここではゲープはいいません。

★❶〜❻をくりかえします。

ママの声

動作は簡単ですが、とくにひざを曲げてかがむ姿勢はつらいものです。赤ちゃんを抱いての動作なので思ったより効果のある運動になります。

2 ウォーミングアップ

体を少しずつならしながらリズムに合わせて簡単なウォーミングアップをしましょう。

❶ おーなかおなか おーなか

❶片足を交互に大きく上げ足ぶみをします（右に1歩、左に1歩）。

▶足ぶみする時は、ひざが赤ちゃんのお尻までつくように高く上げます。高く上げることで、ママの腸を刺激して便秘予防になります。

▶太もも（大腿四頭筋）、太ももの裏側（大腿二頭筋）、そして骨盤と背骨を維持している腸腰筋に効果があります。

❷ ポンポンポン

❷「ポンポンポン」は、その場で左足から足ぶみをします。

▶赤ちゃんを抱いてつまずいては大変です。日頃から足を高く上げて歩くように心がけましょう。

❸おなかいっぱい

⎬ …❶のくりかえし

❹ポンポンポン

⎬ …左足から❷のくりかえし

ポンポンポンたら

⎬ …右足から❷のくりかえし

ポンポンポン

⎬ …左足から❷のくりかえし

❺ゲープ

❺「ゲープ」は赤ちゃんの顔を見ていっしょに楽しみましょう。

★❶〜❺をくりかえします。

●とてもカンタンです。
赤ちゃんも泣くことなく気持ちよさそうです。

●車の運転ばかりで、運動不足を感じていました。
産後ダンスは小スペースで効率よく無理なくできるのでとってもいいです。

3 骨盤底筋強化運動

骨盤底筋(こつばんていきん)を作ると同時に下垂した内臓を持ち上げます。尿もれ、子宮脱、内臓下垂を予防しましょう。

❶ まっすぐまっすぐ

❶ 背筋をまっすぐに伸ばし、あごを引いて正しい姿勢をとりましょう。

▶赤ちゃんを低く抱くと上半身が反った形になり、腰痛の原因となりますので「正しい抱っこの姿勢」を守りましょう。

❷ ばんざーい

❷ 「ばんざーい」でかかとを上げ肛門を締めて、そのままの姿勢をキープします。

▶尿漏れ、子宮脱、内臓下垂の予防になります。

ママの声

何度も練習しました。そのおかげか最近尿もれが気にならなくなりました。

❸ テンテンテン

❸「テンテンテン」でかかとを床に上下させます。

❹ パチパチパチパチ

❹「パチパチパチパチ」で左足（片足）で立ち、右足で左足の太ももをたたきます。2回目は右足で立ち、左足で右足の太ももをたたきます。

▶片足で立ってバランス感覚を鍛えましょう。

❺ ギュー ギュー

❺「ギュー」で右足を1歩出します。
次の「ギュー」で左足を1歩出します。

★❶〜❺をくりかえします。

▶「ギュー」で骨盤底筋群（肛門挙筋・外肛門括約筋・外尿道括約筋）を強化するために太ももと肛門を意識的に引き締めます。

初級編

4 ツイスト運動

ツイスト運動で、骨盤周囲の筋肉を鍛えて骨盤を引き締めます。便通がよくなります。

❶ なでなでポーズ
　なでポーズ

❶ 腰を振り、ツイスト運動しながら右横に4歩進みます。

▶膝関節周囲筋（ひざかんせつしゅういきん）、骨盤周囲筋を鍛えます。
▶上半身はまっすぐ正面を向き、腰から下だけをツイストする感じで横移動してみましょう。ひざを少し曲げて腰を落とすと踊りやすくなります。

❷ あっちいって
　こっちいって
　なでポーズ

❷ 右足を前→横、左足を前→横と床にかかとをつけます。

★2回目は❶の動きを左横に変え、❷の動きは左足に変えてくりかえします。

ママの声

❸ あんよはかわい
　なでポーズ

…❶のくりかえし

腰を落として横に動くツイスト運動はウエストに効きそうです。

❹ あっちいって こっちいって なでポーズ

❹ 右足を前→横、左足を前→横と振り上げます。

★ 2回目は❶の動きを左横に変え、❹は左足に変えてくりかえします。

▶ できるだけ大きく振り上げてみましょう。日頃使わない太ももの内側（内転筋）が鍛えられ美脚になります。

❺ ひざひざポーズ ひざポーズ

…❶のくりかえし

❻ あっちいって こっちいって ひざポーズ

❻ 両ひざをそろえて前→右→左→前とその場で曲げます。

★ 2回目は❶の動きを左横に変え、❻は前→左→右→前とくりかえします。

❼ ぶるぶるポーズ ぶるポーズ

…❶のくりかえし

❽ あっちいって こっちいって ぶるポーズ

❽ 右足を前に出して「ブルブル」と右左と振り、足の筋肉をほぐします。

★ 2回目は❶の動きを左横に変え、❽は左足に変えてくりかえします。

▶ 横移動する時はフラダンスを踊るように移動します。

初級編

5 ウエストのシェイプアップ

腹斜筋（ふくしゃきん）、外旋筋（がいせんきん）、腸腰筋（ちょうようきん）を鍛え、女性らしいウエストのくびれを作り、シェイプアップをしましょう。

❶ あかちゃんゆび ころころピ

❶右足を1歩前へ出します。右足の重心を左足に移動させて、右→左と1歩ずつ前進します。「ピ」で両足をそろえてかかとと腰を右に振り元にもどります。

▶重心移動する時、足指先→足の裏全体→かかとと完全に片足に重心を移動させてから、反対の足に移ります。
▶腰を支える筋肉（腸腰筋）を鍛えます。

❷ おねえさんゆび ころころピ

❷左足を1歩後ろへ下げます。左足の重心を右足に移動させて左→右と1歩ずつ後ろへ下がります。「ピ」で両足をそろえてかかとと腰を左に振り元にもどります。

●ステップの見方

- 右足は青色、左足はピンク色になっています。
- 数字はステップをふむ順番です。
- ピンクの線は、ステップの中心線です。ふらつかないように意識して踊りましょう。

❸ おにいさんゆび
　ころころピ　　　}…❶のくりかえし

　おかあさんゆび
　ころころピ　　　}…❷のくりかえし

　おとうさんゆび
　ころころピ　　　}…❶のくりかえし

★2回目は❷❶❷❶とくりかえします。

❹ ギュー　バー
　ギュー　バー

❹「ギュー」で腰をひねったまま正面を向いて両ひざを左に深く曲げ、「バー」でかかとを上げながら正面を向きます。

★2回目は両ひざを右向きでくりかえします。

▶腰をしっかりひねることで横腹の筋肉（腹斜筋）を鍛えて、女性らしいウエストのくびれを作ります。

❺ テンテンテンテン
　ギュー　バー

　テンテンテンテン
　ギュー　バー

❺「テンテンテンテン」は左向きで腰をひねったままかかとを上下します。
「ギュー　バー」では、❹の動きをします。

★2回目は右向きでくりかえします。

▶腰をかがめた時に前かがみにならないように姿勢をまっすぐ保持してください。肩は正面を向くようにします。

初級編

6 体力作り

♪タン♪タ♩タンのステップをふみます。産後の運動不足解消と気分のリフレッシュをしましょう。

❶ あららハート
あららハート

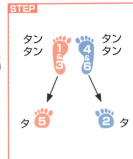

❶ 左足で足ぶみして（タン）、右足をななめ後ろに引き（タ）、左足をワンステップふみます（タン）。
右足を足ぶみして（タン）、左足をななめ後ろに引き（タ）、右足をワンステップふみます（タン）。

★2回くりかえします。

❷ あららヒコーキを
とばしましょ

❷ 左足を軸足にしてそのまま8ステップで1回転します。

▶踊る時はピョンピョンと跳ねないようにしましょう。跳ねると赤ちゃんの首に負担がかかり、ママはバランスを崩しやすくなります。

❸ ブルンブルンブルン
ブルンブルンブルン

ブルーンブルン

❸「ブルンブルンブルン」で両ひざをそろえて左右に振ります。「ブルーンブルン」で両ひざをそろえて正面で小刻みにひざを振ります。

▶ひざを少し曲げると振りやすくなります。

❹あららハート
あららハート
あららヒコーキが
とびました

…❶❷の
くりかえし

❺スイスイスイ
スイスイスイ
スーイスイ

❺その場で左足から足ぶみをします。「スーイスイ」では小刻みに足ぶみします。

★❹❺もう一度くりかえします。

❻あららハート
あららハート
あららヒコーキが
ゆれました

…❶❷の
くりかえし

❼チクチク
チクチク
チクチク
チクチク
チークチク

…❺の
くりかえし

❽あららハート
あららハート
あららヒコーキが
おりてきた

…❶❷の
くりかえし

▶タン・タ・タンの「タ」のステップの時には、ヒップを上げる筋肉（大臀筋）をひき上げるようにステップをふみます。上半身は常にまっすぐ正しい姿勢を保つことでヒップアップ効果があり、疲れずに続けることができます。

❾シー

❾その場で蹲踞の姿勢をゆっくりおこないます。できるならば手を放して手をたたいてみましょう。

▶蹲踞のポーズはゆれないように注意してください。骨盤のゆがみをチェックします。

初級編

7 ウエストのシェイプアップ

初級編「5」と同じ運動です。腹斜筋、外旋筋、腸腰筋を鍛え、女性らしいウエストのくびれを作り、シェイプアップをしましょう。くりかえしおこなうことで効果が上がります。

❶ あかちゃんゆび ころころピ

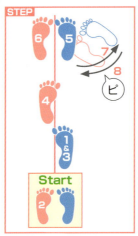

❶右足を1歩前へ出します。右足の重心を左足に移動させて、右→左と1歩ずつ前進します。「ピ」で両足をそろえてかかとと腰を右に振り元にもどります。

▶重心移動する時、足指先→足の裏全体→かかと完全に片足に重心を移動させてから、反対の足に移ります。
▶腰を支える筋肉（腸腰筋）を鍛えます。

❷ おねえさんゆび ころころピ

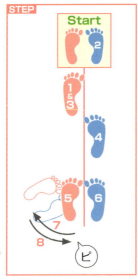

❷左足を1歩後ろへ下げます。左足の重心を右足に移動させて左→右と1歩ずつ後ろへ下がります。「ピ」で両足をそろえてかかとと腰を左に振り元にもどります。

▶歩幅を小さくすると上手くいきます。

❸ おにいさんゆび
　ころころピ　　　　}⋯❶のくりかえし

おかあさんゆび
ころころピ　　　　}⋯❷のくりかえし

おとうさんゆび
ころころピ　　　　}⋯❶のくりかえし

★2回目は❷❶❷❶❷と
くりかえします。

❹ギュー　バー
　ギュー　バー

❹「ギュー」で腰をひねったまま正面を向いて両ひざを左に深く曲げ、「バー」でかかとを上げながら正面を向きます。

★2回目は両ひざを右向きでくりかえします。

▶腰をしっかりひねることで横腹の筋肉（腹斜筋）を鍛えて、女性らしいウエストのくびれを作ります。

❺テンテンテンテン
　ギュー　バー

　テンテンテンテン
　ギュー　バー

❺「テンテンテンテン」は左向きで腰をひねったままかかとを上下します。
「ギュー　バー」では、❹の動きをします。

★2回目は右向きでくりかえします。

▶腰をかがめた時に前かがみにならないように姿勢をまっすぐ保持してください。肩は正面を向くようにします。

8 足首の運動

大きなステップで横移動します。足首を使って日頃使わない筋肉を鍛えましょう。

❶ あーちゃん おせなか なでましょう

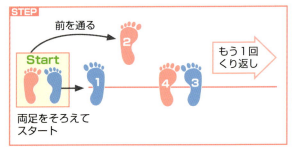

❶ 右足→横、左足→前、右足→横、両足をそろえます。

❷ クリクリ クリクリ クリクリ クリー

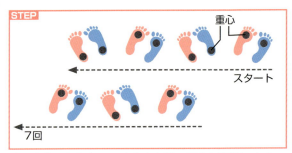

❷ つま先→かかと→つま先と左横へ重心を移動します。

❸ あーちゃん おせなか なでましょう

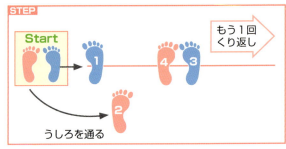

❸ 右足→横、左足→うしろ、右足→横、両足をそろえます。

❹ タントンタントン
　タントントン 　…❷をくりかえし

あーちゃん
おせなか
なでましょう 　…❶をくりかえし

パカパカパカパカ
パカパカパカー 　…❷をくりかえし

あーちゃん
おしりを
なでましょう 　…❸をくりかえし

ぐるぐるぐるぐる
めがまわる 　…❷をくりかえし

あーちゃん
おせなか
なでましょう 　…❶をくりかえし

❺ おおきくおおきく
　せがのびる

　もっともっと
　おおきくなーれ

❺右足を横に出し、大またで右へ2歩、左に2歩。
「もっともっとおおきくなーれ」ではもっと大またで右に2歩、左に2歩進みます。

▶足がもつれないように気をつけましょう。

初級編

9 楽しくダンス

ペアで手をつないで向かい合っておこないましょう。2人で踊れたという達成感を味わいましょう。

❶ うさぎの おみみは ピョンピョン ピョン

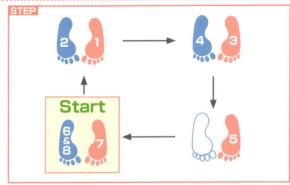

1人目
1）スタート位置（黄色のボックス）に両足をそろえて立ちます。
2）左足を1歩後ろに引き、右足をそろえます。
3）左足を左横に出し、右足をそろえます。
4）左足を1歩前に出し、右足はななめ右前（スタート位置）に出します。
5）右足を左足にそろえてその場で1回足ぶみをします。

▶手をつなぎ足を大きく上げるだけではなく、相手の動き、歩幅、心のリズムに合わせて踊りましょう。楽しさが増し、できた時の達成感を相手といっしょに味わうことができます。
▶向かい合わせの人は、動きが逆になるので、最初は前に出ます。ボックスを回る感じにステップをふみます。

ママたちといっしょに難しいステップができたので達成感を感じました。1人でやるより楽しいです。

初級編

① うさぎの
おみみは
ピョンピョン
ピョン

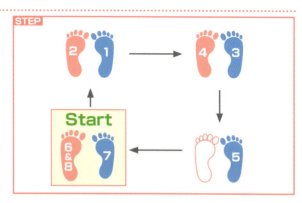

2人目

1）スタート位置（黄色のボックス）に両足をそろえて立ちます。
2）右足を1歩前に出し、左足をそろえます。
3）右足を右横に出し、左足をそろえます。
4）右足を1歩後ろに引き、左足はななめ左後ろ（スタート位置）に引きます。
5）右足を左足にそろえてその場で1回足ぶみをします。

② おさるのおかお
すうじの3   }…①のくりかえし

③ あーちゃんの
あたま
よしよしよし   }…①のくりかえし

④ いいこいいこ
おしまい   }…①のくりかえし

1 足のストレッチ

初級編と同じステップですが、中級編もすぐにダンスをはじめると足を痛めることがあるので、足のストレッチをおこないましょう。アキレス腱を伸ばし、ひざの周りの筋肉を鍛えます。

❶せーなかせなか

❶右足を前に出し体の重心を前足にのせて左足のアキレス腱を伸ばします。

▶足を前に出しすぎるとバランスが不安定になるので、ふらつかない程度に足を出します。

❷せーなか　トントントン

❷上半身の姿勢を崩さずにひざを曲げて腰を落とします。ひざが床につかないようにしてキープします。

▶左足太ももの裏側（大腿二頭筋）、太もも（大腿四頭筋）、膝関節周囲筋が強化されます。

❸ゲップがでたかな　トントントン

❸元の姿勢にもどします。

▶右足太もも（大腿四頭筋）、腰と背骨を維持している腸腰筋が強化されます。

❹ トントントンたら

❹左足を前に出して、今度は右足のアキレス腱を伸ばします。

❺ トントントン

❺ひざを曲げてかがみます。

▶無理な時は短時間にしましょう。

❻ ゲープ

❻左足を元にもどします。

▶ここではゲープはいいません。

★❶〜❻をくりかえします。

中級編

●双子なのでおんぶと抱っこでやりました。2人いっしょにできて、またいっしょに寝てくれてうれしかったです。

●ふだんの生活でアキレス腱を伸ばすことは意識していません。ここではアキレス腱の伸びを感じました。

2 ウォーミングアップ

初級編と同じステップですが、体を少しずつならしながらリズムに合わせて簡単なウォーミングアップをしましょう。

❶ おーなかおなか おーなか

❶片足を交互に大きく上げ足ぶみをします（右に１歩、左に１歩）。

▶足ぶみする時は、ひざが赤ちゃんのお尻までつくように高く上げます。高く上げることで、ママの腸を刺激して便秘予防になります。

▶太もも（大腿四頭筋）、太ももの裏側（大腿二頭筋）、そして骨盤と背骨を維持している腸腰筋に効果があります。

❷ ポンポンポン

❷「ポンポンポン」は、その場で左足から足ぶみをします。

▶赤ちゃんを抱いてつまずいては大変です。日頃から足を高く上げて歩くように心がけましょう。

中級編

❸ おなかいっぱい
　…❶のくりかえし

❹ ポンポンポン
　…左足から❷のくりかえし

ポンポンポンたら
　…右足から❷のくりかえし

ポンポンポン
　…左足から❷のくりかえし

❺ ゲープ

❺「ゲープ」は赤ちゃんの顔を見ていっしょに楽しみましょう。

★❶～❺をくりかえします。

ママの声

今まで使っていなかった筋肉がプルプルするのがわかりました。体を動かす→汗をかく→笑うことでストレス発散になり楽しかったです。

3 骨盤底筋強化運動

初級編と同じステップですが、骨盤底筋を作ると同時に下垂した内臓を持ち上げます。尿もれ、子宮脱、内臓下垂を予防しましょう。

❶ まっすぐまっすぐ

❶ 背筋をまっすぐに伸ばし、あごを引いて正しい姿勢をとりましょう。

▶赤ちゃんを低く抱くと上半身が反った形になり、腰痛の原因となりますので「基本の抱っこ」を守りましょう。

❷ ばんざーい

❷「ばんざーい」でかかとを上げ肛門を締めて、そのままの姿勢をキープします。

▶尿漏れ、子宮脱、内臓下垂の予防になります。

ママの声

夫に娘を抱いていっしょにやってもらうと、終わったあと「いい運動になった～」といっていました。

❸ テンテンテン

❸「テンテンテン」でかかとを床に上下させます。

❹ パチパチパチパチ

❹「パチパチパチパチ」で左足（片足）で立ち、右足で左足の太ももをたたきます。2回目は右足で立ち、左足で右足の太ももをたたきます。

▶片足で立ってバランス感覚を鍛えましょう。

❺ ギュー
　　ギュー

❺「ギュー」で右足を1歩出します。
次の「ギュー」で左足を1歩出します。

★❶〜❺をくりかえします。

▶「ギュー」で骨盤底筋群（肛門挙筋・外肛門括約筋・外尿道括約筋）を強化するために太ももと肛門を意識的に引き締めます。

4 リズムステップ

リズムに合わせて簡単なステップをふんでみましょう。Kickでは大きくかかとでけってみましょう。

❶ なでなでボーズなでボーズ

❶右ひざを高く上げて、右に移動し、両足をそろえます。次は左ひざを高く上げて左へ移動し両足をそろえます。最後のボーズの「ズ」で、ひざを曲げてかかとをそろえて、腰を右に振ると同時にかかとを右にキュッと振ります。

ズ

❷ あっちいってこっちいってなでボーズ

❷左足を右前に一歩出し、右足を横に伸ばしつま先をつけます。
右足を左前に一歩出し、左足を横に伸ばしつま先をつけます。
左足を前に出し、右足かかとでKickし、スタート地点にもどります。

★2回目は❶を左足から❷は右足からはじめます。
▶ステップの2と4の足は、まっすぐに横に伸ばし、つま先を床につける時は、ひざが曲がらないようにしましょう。

あっちいって　こっちいって

❸ あんよはかわい
　なでポーズ

あっちいって
こっちいって
なでポーズ
　　　　　　　…❶❷のくりかえし
　　　　　　　★2回目は❶を左足
　　　　　　　　から❷は右足からく
　　　　　　　　りかえします。

ひざひざポーズ
ひざポーズ

あっちいって
こっちいって
ひざポーズ
　　　　　　　…❶❷のくりかえし
　　　　　　　★2回目は❶を左足
　　　　　　　　から❷は右足からく
　　　　　　　　りかえします。

ぶるぶるポーズ
ぶるポーズ

あっちいって
こっちいって
ぶるポーズ
　　　　　　　…❶❷のくりかえし
　　　　　　　★2回目は❶を左足
　　　　　　　　から❷は右足からく
　　　　　　　　りかえします。

Kick

▶思い切り足を上げて、かかとからKick！
バランスを崩さないようにしましょう。
▶同じ踊りのくりかえしです。

中級編

ママの声

● 中級編は難しいと思っていましたが、くりかえしなので初級編よりも覚えやすく、動きも大きいので楽しかったです。

● わらべうた産後ダンスをはじめて10分から15分で赤ちゃんは眠ってしまいました。

5 ツイスト運動

ツイストの運動で骨盤全体の筋肉と腹斜筋を鍛え、女性らしいウエストに引き締めます。

❶ あかちゃんゆび ころころピ

❶右足を横に出し腰を振りながら3歩右に移動します。
「ピ」ではかかとをそろえ腰を右に振ります。

▶重心移動をしっかりしましょう。そして「ピ」では腰をひねります。
フラダンスの要領で腰を振ってみましょう。

❷ おねえさんゆび ころころピ

❷左足を左へ3歩移動し、元にもどります。
「ピ」ではかかとをそろえ腰を左に振ります。

ママの声

ひさしぶりにダンスをしたら赤ちゃんもニコニコしていました。覚えているのですね。

❸ おにいさんゆび
　ころころピ 　　}…❶の
　　　　　　　　　くりかえし

おとうさんゆび
ころころピ 　　}…❶の
　　　　　　　くりかえし

おかあさんゆび
ころころピ 　　}…❷の
　　　　　　　くりかえし

★2回目は❷❶❷❶❷とくりかえします。

中級編

❹ ギュー　バー
　ギュー　バー

❹「ギュー」で両ひざを深く左に曲げ、「バー」でかかとを上げながら正面を向きます。

★2回目は右向きでくりかえします。

▶赤ちゃんと目を合わせてコンタクトをとります。
▶腰をしっかりひねることで横腹の筋肉（腹斜筋）と太ももを外に向ける筋肉（外旋筋）を鍛えて、女性らしいウエストのくびれを作ります。

❺ テンテンテンテン
　ギュー　バー

　テンテンテンテン
　ギュー　バー

❺ 左向きで「テンテンテンテン」で腰をひねったままかかとを上下します。
「ギュー　バー」では、❹をくり返します。

★2回目は右向きでくりかえします。

▶腰をかがめた時に姿勢をまっすぐに保持してください。肩は正面を向くように、前かがみにならないようにしましょう。

6 体力作り

♪タン♪タ♩タンのステップはかなりの運動量です。汗をかき、体力を元にもどしましょう。

❶ あららハート あららハート

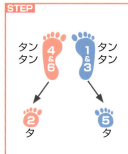

❶右足を足ぶみして（タン）左足をななめ後ろに引き（タ）、右足をワンステップふみます（タン）。左足を足ぶみして（タン）、右足をななめ後ろに引き（タ）、左足をワンステップをふみます（タン）。

★もう1回くりかえします。

❷ あららヒコーキを とばしましょ

❷右足を1歩左前に出して、左足つま先を横に開いて、右足は同じ場所でステップをふみます。左足を1歩右前に出して、右足つま先を横に開いて、左足は同じ場所でステップをふみます。

★もう1回くりかえします。

❸ ブルンブルン ブルン ブルンブルン ブルン

❸右足を横向きにして左足つま先で右回りに4歩半円を描きます。

左足を横向きにして右足つま先で左回りに4歩半円を描きます。

❹ ブルーンブルン

❹「ブルーンブルン」で右足を前にして円を描きながら進み元にもどります。　▶左足はつま先を床につけます。

❺ あららハート あららハート	…❶のステップ
あららヒコーキが とびました	…❷のステップ
スイスイスイ スイスイスイ スーイスイ	…❸のステップ …❹のステップ

★❺はもう1回くりかえし

❻ あららハート あららハート	…❶のステップ
あららヒコーキが ゆれました	…❷のステップ
チクチクチクチク チクチクチクチク チークチク	…❸のステップ …❹のステップ
❼ あららハート あららハート	…❶のステップ
あららヒコーキが おりてきた	…❷のステップ

❽ シー

❽蹲踞(そんきょ)のポーズをとります。

▶あまりとび跳ねないように上半身は安定させて踊りましょう。
赤ちゃんの首がグラグラしないように手で支えておこないましょう。

中級編

7 ツイスト運動

中級編「5」と同じ動きです。ツイストの運動で骨盤全体の筋肉と腹斜筋を鍛え、女性らしいウエストに引き締めます。くり返しおこなうことで効果が上がります。

❶ あかちゃんゆび ころころピ

❶右足を横に出し腰を振りながら3歩右に移動します。
「ピ」ではかかとをそろえ腰を右に振ります。

▶重心移動をしっかりしましょう。そして「ピ」では腰をひねります。
フラダンスの要領で腰を振ってみましょう。

❷ おねえさんゆび ころころピ

❷左足で左へ3歩移動し、元にもどります。
「ピ」ではかかとをそろえ腰を左に振ります。

中級編

❸ おにいさんゆび
　ころころピ　　　｝…❶のくりかえし

　おとうさんゆび
　ころころピ　　　｝…❶のくりかえし

　おかあさんゆび
　ころころピ　　　｝…❷のくりかえし

★2回目は❷❶❷❶❷とくりかえします。

❹ ギュー　バー
　 ギュー　バー

❹「ギュー」で両ひざを深く左に曲げ、「バー」でかかとを上げながら正面を向きます。

★2回目は右向きでくりかえします。

▶赤ちゃんと目を合わせてコンタクトをとります。
▶腰をしっかりひねることで横腹の筋肉（腹斜筋）と太ももを外に向ける筋肉（外旋筋）を鍛えて、女性らしいウエストのくびれを作ります。

❺ テンテンテンテン
　 ギュー　バー

　 テンテンテンテン
　 ギュー　バー

❺左向きで「テンテンテンテン」で腰をひねったままかかとを上下します。
「ギュー　バー」では、❹をくり返します。

★2回目は右向きでくりかえします。

▶腰をかがめた時に姿勢をまっすぐに保持してください。肩は正面を向くように、前かがみにならないようにしましょう。

ママの声

出産後はジーンズが入らなかったのですが、7カ月後体重は同じなのにジーンズが入るように！ 骨盤が元にもどったのを実感しました。

社交ダンスのマンボのステップで、しっかりと体重移動しながらクルクルと回ってみましょう。

❶ あーちゃん
　 おせなか
　 なでましょう

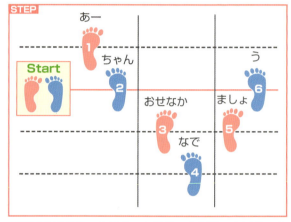

❶両足そろえる→左足前→右足後→左足後→右足後→左足前→右足前とステップをふみます。

❷ クリクリクリクリ
　 クリクリクリー

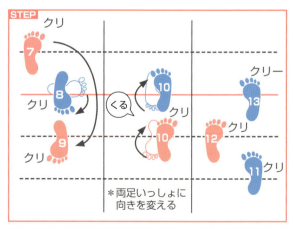

❷左足前→右足右回りで後ろ向き→左足右回りで後ろ向き→左足右足同時に右回りで前向き→右足後→左足前→右足前とステップをふみます。

❸ あーちゃん
おせなか
なでましょう

…❶のくりかえし

中級編

❹ タントンタントン
タントントン

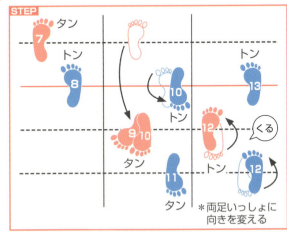

❹ 左足前→右足後→左足右足左回りで後ろ向き→右足前
→左足右足同時に左回りで前向き→右足前とステップを
ふみます。

❺ あーちゃん
おせなか
なでましょう

…❶のくりかえし

▶足のステップが難しい時
は、小さくステップをふみま
しょう。
しっかりと体重移動ができる
と、かなりの運動量になりま
す。ダンスもかっこよくなっ
てきます。
最初はたどたどしいステップ
ですが、だんだん流れるよう
に踊れるように練習してみま
しょう。

生後4カ月から踊っています
が、1歳10カ月の今でも楽し
んでいます。

❻パカパカ
　パカパカ
　パカパカパカー

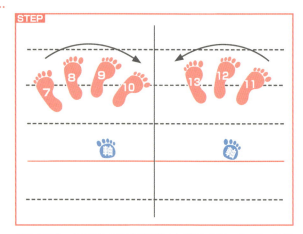

❻左足前→右足のつま先を軸に右横に4歩、左横に3歩移動します。

❼あーちゃん
　おしりを
　なでましょう   …❶のくりかえし

▶社交ダンスのマンボは、本来2人組になっておこなうものです。相手が前にいる時は、最初は後ろに下がる足ではじまります。
その後は自分が右に回れば相手も同じ方向へ回ります。❶〜❺の組み合わせは自由におこないます。お試しください。

❽ぐるぐる
　ぐるぐる
　めがまわる   …❷のくりかえし

❾あーちゃん
　おせなか
　なでましょう   …❶のくりかえし

🔟 おおきく
　おおきく
　せがのびる

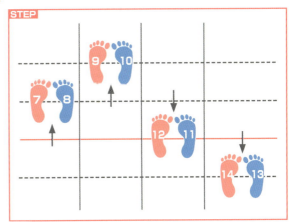

🔟 左足→右足と大きく前に２歩進み、右足→左足と大きく後ろに２歩さがります。

⓫ もっともっと
　おおきく
　なーれ

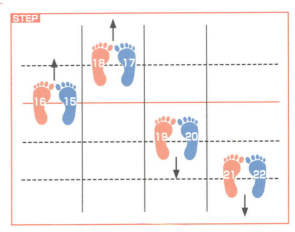

⓫ ステップは🔟と同じで、もっと大きく前に２歩進み、後ろに２歩さがります。体の重心といっしょに足を進めます。

抱っこひもで抱っこされるのを嫌がっていたのが、このダンスのおかげで嫌がらなくなりました。

9 楽しくダンス

ペアで手をつないで向かい合っておこないましょう。2人で踊れたという達成感を感じましょう。

❶ うさぎの
おみみは
ピョンピョン
ピョン

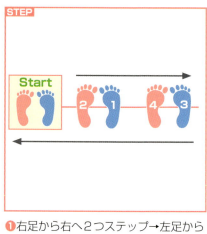

❶ 右足から右へ2つステップ→左足から左へ2つステップをふみます。

❷ おさるの
おかお

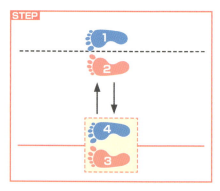

❷ 横向きになり右足を右横→左足とそろえます。左足を左横→右足とそろえます。

▶相手とは背中を合わせる形になります。

❸ すうじの3

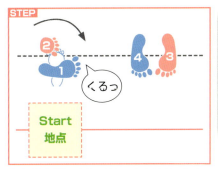

> **ママの声**
> ぐるっと回ると方向がわからなくなりましたが、できた時はうれしく、「ワァー」と声が出ました。

❸ 右足を前に出しくるっと右回りで回って向きを変え、ペアの相手と向き合い、左足をそろえます。左足、右足で足ぶみを1回します。

❹ あーちゃんのあたまよしよしよし

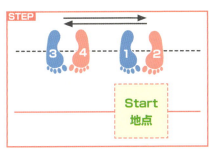

❹ 右足から右へ2つステップ→左足から左へ2つステップをふみます。

❺ いいこいいこ

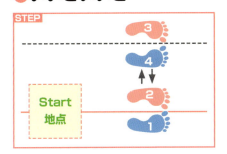

❺ 横向きになり右足を右横→左足とそろえます。左足を左横→右足とそろえます。

❻ おしまい

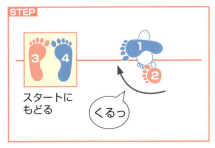

❻ 右足を前に出しくるっと右回りで回って向きを変え、左足をそろえます。左足、右足で足ぶみを1回します。

わらべうた産後ダンスはなぜ必要ですか?

ゆるんだ骨盤を元にもどすダンスです

妊娠するとリラキシンというホルモンが分泌され、骨盤周りの関節がゆるみ、赤ちゃんが産道をくぐりやすくなります。その影響で産後は骨盤がゆるんでいます。じょじょに骨盤の関節のゆるみは元にもどってきますが、今は昔と違い、日常生活で骨盤を支える筋肉を使うことが少なくなり、自然に元通りになりにくくなっています。

わらべうた産後ダンスは、とくにお産でゆるんだ骨盤を元にもどすための筋肉や腱を作るダンスです。

産後は外出もできず、夜昼関係なく赤ちゃんに起こされ、体力的に非常につらい時期です。その時期を乗り切るためにも体力をつけましょう。

また、赤ちゃんを抱いておこなうダンスなので、赤ちゃんとの絆が深まり精神安定にも効果があります。

骨盤ケアの必要性

骨盤は、2つの寛骨(かんこつ)、仙骨(せんこつ)、尾骨(びこつ)の4つの骨で作られています(図1)。骨盤がゆるむとは、仙腸(せんちょう)関節や恥骨結合(ちこつけつごう)の関節がゆるむことです。

恥骨弓角(ちこつきゅうかく)は普通は75度ですが、出産の時は100度まで広がります。なかには恥骨結合離開(りかい)(恥骨結合が離れてしまうこと)で、歩けなくなる

方もいます。
　骨盤がゆるんだままだと次回の妊娠時、受精しても着床しにくくなったり、たとえ妊娠しても早産になりやすくなります。また、胎盤が子宮の下方に付着するため、胎盤位置異常や異常回旋など難産になるおそれもあります。
　産後は、なるべく早めに骨盤のケアが必要です。

骨盤、背骨のゆがみをチェックしてみましょう

　まずは自分の骨盤をチェックしてみましょう。かかとをつけて、つま先は軽く開き、太ももをしめてください。あごを引いて背筋をまっすぐにしておこないましょう。

●チェック項目
❶蹲踞のポーズ
　お相撲さんのドスコイのポーズです（図2）。このポーズでぐらぐらするのはよくありません。
　日本人は昔、畑仕事やぞうきんがけ、和式トイレなど日常的に立ったり座ったりする動作をたくさんしていました。しかし、現在は生活様式が洋式になり、しゃがむ動作が少なくなりうまくできない人もいます。蹲踞にはかかとを床につけるのとつけないポーズがあります。とくにかかとを床に全部つけることができない人が増えています。

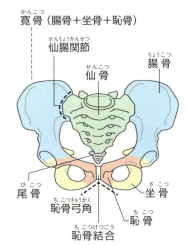

図1　骨盤（前面）

図2　蹲踞のポーズ

図3 片足起き上がり

❷片足起き上がり

あおむけになり片足を持って起き上がります（図3）。起き上がる時に体が左右に揺れる場合は、背骨にゆがみがあります。両足を持って起きることができない時は仙骨にゆがみがあるといわれています。

❸もも尻チェック

もも尻とは桃のような形のよいお尻のたとえです。背骨が曲がっているとメリハリのない扁平（へんぺい）なお尻になります。

❹骨盤計測チェック

ヒップ回りをメジャーで測定します。①寝てひざを立ててお腹をゆるめて測定、②立って測定します。②－①の差が5センチ以上だと骨盤がゆるんでいます。

❺背骨のゆがみチェック

背骨の要は腰です。その腰を支えているのが骨盤です。骨盤がゆるむと背骨もゆがみ、歩き方や姿勢が悪くなります。

①頭の上で手をたたきます。耳の横を通って手をたたくことができますか？
②両手でタオルを持って上に上げ、左右に体を傾けます。左右同じ幅なら大丈夫です。背骨がゆが

図4 背骨のゆがみチェック

①手をたたいてチェック

背骨のゆがみあり　背骨のゆがみなし

んでいると左右対称ではなくなります。
③ウエストの位置をチェック。背骨が曲がっていると左右対称ではなくなります。

骨盤のゆるみ改善方法

　骨盤ケアには、骨盤周囲筋を鍛える体操や、骨盤ベルトなどさまざまなやり方があります。正しい体操はよいのですが、骨盤ベルトはベルトに支えられるので筋肉が作られず、一時的にはゆがみを改善できても筋群は衰えていくのでおすすめできません。
　骨盤のゆがみを改善するには、骨盤周囲筋の靭帯と筋肉の強化が大切です。骨盤周囲筋には小さな筋肉を入れ合計100近くの筋肉があります。その中でも、腸腰筋〔＝腸骨筋（腸骨と大転子をつなぐ筋）＋大腰筋（腰椎と大転子をつなぐ筋）〕は、ゆがんだ骨盤を元にもどします。
　骨盤周囲筋は、腰痛・Ｏ脚・肩こり・体の不調などさまざまなところで影響するとても大切な筋肉です。上半身の体重は、腸腰筋、腹筋、背筋などで骨盤を支え立たせています。
　骨盤は体の要なのです。しっかりと鍛えて元の体をとりもどしましょう。

②タオルを持ってチェック

③ウエストの位置の変化をチェック

図5　腸腰筋

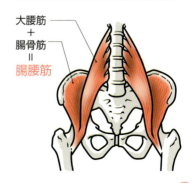

大腰筋
＋
腸骨筋
＝
腸腰筋

2 わらべうた産後ダンスを より効果的に楽しみましょう

正しい姿勢を維持して効果を上げましょう

　わらべうた産後ダンスでは、骨盤を元にもどすための骨盤底筋（図6）強化運動を組み入れています。

　正しい姿勢を維持しながらおこなうと効果が上がります。とくに上半身が前かがみにならないよう、まっすぐな姿勢を保つことが大切です（これはすべての運動に適応されます）。

❶**足のストレッチ**（p.70、p.88）
　すぐに運動をはじめるとけがの元です。アキレス腱を伸ばすことが大事です。足を一歩前に出した時、後ろ足のアキレス腱を意識して伸ばしましょう。

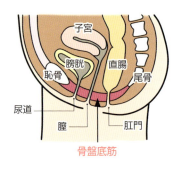

図6　骨盤底筋

❷**ウォーミングアップ**（p.72、p.90）
　体を軽くならす気持ちで運動をはじめます。

❸**骨盤底筋強化運動**（p.74、p.92）
　つま先で伸び上がる、つま先をキープする、ギューと股を締める運動は尿道が短い女性に特有な尿漏れ予防に効果的です。とくに産後はちょっとしたくしゃみでも尿漏れしてしまうことが多いので気をつけましょう。また子宮脱や、内臓下垂の予防にもなります。

❹**ツイスト運動**（p.76、p.96、p.100）
　腰痛予防や骨盤を元にもどすにはこの運動が一番効果があります。ディスコで踊る要領で腰を8の字に動かしながら横移動してみましょう。

❺**ウエストのシェイプアップ**（p.78、p.82）
　初級編は、全体を通して横移動の運動が多いので、初級編「5」と「7」には前後移動を取り入れました。ツイスト運動やウエストのシェイプアップ運動は、腰を横に振るので、腹斜筋（図7）が伸びたり縮んだりし、ウエストのシェイプアップが期待できます。同時に外旋筋も鍛えられ股関節を引き締めることができます。
　ただ歩くだけではなく、つま先からかかとまで足が床につくまでをじっくりとふみしめるように、歩いてみましょう。体重も一歩一歩いっしょに移動させていきます。

❻**体力作り**（p.80、p.98）
　産後1カ月は、外出もままならず夜昼なく赤ちゃんの世話で忙しいと思います。このダンスで適度な運動をしましょう。よい汗をかいてください。正しく動けばお尻の肉（大殿筋）が締まりヒップアップになります。

❼**足首の運動**（p84）
　足首はよく捻挫するところです。クリクリと前

図7　腹斜筋

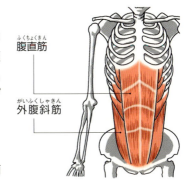

腹直筋
外腹斜筋

重心→後ろ重心と横移動してみましょう。重心を置くのではなく浮かすほうに意識するとうまくいきます。

❽楽しくダンス (p.86、p.106)
　友だちと手を取り合い、お互いを思いやりながら踊ります。仲間意識が芽生えます。

　＊けが予防のため、中級編は必ず1番からはじめましょう。正しい姿勢でおこなうと疲れも感じないと思います。また上手にきれいに踊ることができます。

妊娠中から継続して使える わらべうた効果

　❶わらべうた胎教マッサージ、❷わらべうたベビーマッサージ、❸わらべうた産後ダンスとも同じメロディを使っていますが、それは、妊娠中、出産後、そして子育てがはじまっても継続して使えるようにと考えたからです。

　わらべうたは、それぞれ目的に合わせて編曲をしています。

　❶わらべうた胎教マッサージは、お腹の赤ちゃんによいようにアルファ波が出やすい音で構成しています。

　❷わらべうたベビーマッサージは、赤ちゃんの大好きなママの声が主役になるようBGMは単調な和音のみにしています。

❸わらべうた産後ダンスでは、ママがリズムをきざみやすいようドラムなどを入れて、楽しく踊れるように編曲しています。

胎教マッサージでこのわらべうたを聞いていた赤ちゃんは、ぐずっていてもこの歌が流れるとしばらくするとおとなしくねんねしてしまいます。

このわらべうたを、子育ての心強いお守りとして活用してください。

抱っこの効果

抱っこは、「手」で「包む」と書きます。抱っこは移動手段でもありますが、赤ちゃんにぬくもりを伝えるコミュニケーションの手段でもあります。

大泣きしている赤ちゃんも抱っこをすると約9割の赤ちゃんが泣き止むというデータがあります。赤ちゃんの心拍数は抱っこをして3秒で急に下がり落ち着くそうです。

赤ちゃんは、抱っこが大好きです。泣けば必ず抱いてもらえる、この安心感や満足感が人間関係の基礎を築きます。ママも赤ちゃんを抱くことで愛情ホルモンといわれるオキシトシンが分泌され、幸福感を感じ、子育てのスイッチが入ります。抱っこで親子の絆を育みましょう。

ダンスは適度な運動量ですが、家事や上の子との関わりで少し疲れを感じた時でもできます。実際にやっていると体が温まり、産後にあったむくみがなくなりました。

産後のダイエットとストレス発散効果

わらべうた産後ダンスは、日常動作では使わない筋肉を動かします。かんたんな動きで覚えやすく、反復動作が多いためダイエットの効果があります。毎日15分ためしてみてください。

また、赤ちゃんといっしょに体を動かして汗をかくと、気分がスッキリして笑顔が溢れてきます。また、音楽療法の観点から音質のよい機器を使うとより精神的にリラックスします。音量もある程度の大きさが必要です。ストレスを発散して産後ブルーを予防をしましょう。

赤ちゃんと2人、パートナーと3人でも楽しめますが、地域のサークルや保育園、幼稚園でも楽しめます。体をいっしょに動かすと自然と友だちの輪が広がり、地域の話、子育ての話、趣味や仕事などの会話もはずみます。

一般的な産後のダイエットダンスは、赤ちゃんが寝てる内に……とせわしないのですが、わらべうた産後ダンスは赤ちゃんを抱っこしながらできるところがうれしいです。お昼寝前だとダンスをしている間に寝てくれます。

午前中ぐずったら産後ダンスを実施しています。必ず眠るので寝かしつけの効果バツグンです。

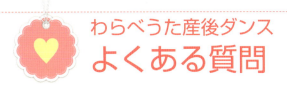

わらべうた産後ダンス
よくある質問

❶ 抱っこでなくおぶってダンスをしてもよいですか？

大丈夫です。おんぶしておこなうと赤ちゃんとママの目線が同じ方向なので脳にはよいとされます。しかし、寝てしまうと首が後ろに倒れるので、倒れない工夫が必要です。首が倒れると脳への血流が減るといわれています。また、抱っこでもおんぶでも赤ちゃんが寝てしまった時は首を支えることが大切です。

❷ 何カ月までできますか？

ママの体力次第で決めてください。赤ちゃんが軽い場合はよいのですが、だんだん重くなるとママが疲れてしまいかえって逆効果です。

❸ わらべうた産後ダンスは妊娠中はできますか？

おすすめしません。しかし、医師より安静の指示がない場合は無理のない範囲で短時間おこなうことは問題ありません。妊娠中は、わらべうた胎教マッサージをおすすめします。

❹ 簡単なステップに変更してもいいですか？

1つ1つのステップは筋肉などの動きを考えて作られています。骨盤ケアや産後のダイエットを効果的におこなうためになるべく変更せずおこなってください。

❺ わらべうたベビーマッサージの本を持っています。その本の付属のCDでわらべうた胎教マッサージや産後ダンスをおこなってもよいですか？

わらべうた胎教マッサージの音楽は胎教のために作られたものです。それはママや赤ちゃんがリラックスできる音で作っています。またわらべうた産後ダンスの音楽はママが踊りやすいようにリズムがはっきりしています。わらべうたベビーマッサージの音楽は赤ちゃんの耳に届きやすいようほかのわらべうたより楽器の使用を控えています。わらべうたベビーマッサージのCDは、ベビーマッサージに使うほうが赤ちゃんにはよいと思います。

❻ 毎日どれぐらいおこなえばよいですか？

胎教のBGMは約8分間です。画像を見ながら1日1回でもお腹の赤ちゃんをイメージしながらしっかりと向き合っていただければと思います。

わらべうた産後ダンスのDVDは、初級編・中級編それぞれ約10分です。毎日20分おこなうことをおすすめしますが、無理だと感じた時はお休みしてください。続けることが大切です。

おわりに

　妊娠期のママのためのケアは、マタニティヨガ、マタニティダンス、ラマーズ法など、たくさんのメニューが用意されています。

　しかし、産後すぐに実践できたり、産後も継続できるプログラムがないことが気になっていました。産後にもママと赤ちゃんがいっしょになって楽しめるプログラムが必要だと思っていました。

　ママは出産の不安を解消するために産前にはたくさんの本を読みますが、産後の自身の体をケアしたり、赤ちゃんといっしょに楽しく過ごすための方法を学ぶ機会があまりありません。

　本書では、妊娠中のケアにも使え、産後のママの体のケア、また赤ちゃんの心身のケアにもスムーズにつながる、1冊で産前産後、子育てまでをフォローすることを心がけました。

　「わらべうた産後ダンス」は、助産師の保健指導のノウハウを活かして、ママの産後の骨盤ケアを目的として考案したものです。ステップが難しい曲目は、足のステップを図解しました。また、付属のDVDでは動作をミラー版で再現しています。赤ちゃんといっしょに、ダンスを楽しんでください。

　最後に、編集にあたり多大なご協力・アドバイスをいただきました合同出版の坂上美樹編集長、担当編集者の上村ふきさん、モニターとなってご協力してくださったママたち、何度も楽曲を作り変えてくださった清音ミュージック様、写真撮影のためのスタジオを提供して戴いたカメラマンのハッピーさん、これから講師として活動する牧里帆さん、岩下夕紀子さん。

　みなさんに深く感謝申し上げます。

奥田朱美

わらべうたベビーマッサージ研究会の紹介

■NPO法人わらべうたベビーマッサージ研究会の紹介

妊娠・出産に対する不安、愛着障害、育児放棄など、ママたちは子育てに対するさまざまな問題を抱えています。

私たちの研究会は、「わらべうたマッサージ」を通じて赤ちゃんとのスキンシップを図ることによって、ママたちの子育てへの不安を解消することを目的に活動しています。

また、Akane Movement Lullaby(ベビーマッサージ、胎教マッサージ、産後ダンス、キッズマッサージ、親子ダンスの総称)を通して楽しい子育てを応援しています。各地で会員同士の親睦会、交流会、クリスマス会、チャリティ事業などさまざまな活動をしています。ぜひ、参加してみませんか?

●ベビーザらス体験会

全国のベビーザらスで「わらべうたベビーマッサージ」の体験会を開催しています。肌と肌のふれあいを通して赤ちゃんの心を育て、親子の絆を強めて、楽しい子育てを体験する機会です。

●社会貢献事業を実施

「東日本大震災チャリティ」として、全国約24カ所で「イベント」がおこなわれ、今年で4回目になります。寄付総額88万582円は、「仙台青い鳥」「あしなが育英会」「福島助産師会」「宮城助産師会」「岩手助産師会」などへ寄付しました。また「いいお産の日」チャリティー事業では「すくすく赤ちゃん献金」への寄付をしています。この活動が評価され、公益社団法人日本助産師会より感謝状をいただきました。

●資格認定講習会の開催

各種の講習会
・わらべうたベビーマッサージ
・わらべうた胎教マッサージ
・わらべうた産後ダンス
・わらべうたキッズマッサージ
・わらべうた親子ダンス

■わらべうたベビーマッサージ

●●● 連絡先 ●●●
HPアドレス:http://www.jyosansi.com/warabeuta/
Eメール:akane8@jyosansi.com
FAX:011-351-1630

＊受講者が5名以上集まれば、全国どこへでも出かけます。お気軽に声をかけてください。
＊各種講習会名称は、商標登録されています。認定者以外が商標を使用して教室を開催することは禁止されています。

■講習会の様子

■著者紹介

奥田朱美（おくだ・あけみ）

助産師。1953年12月8日生まれ。聖バルナバ助産師学校卒業。
1997年にロンドンにて水中分娩、フリースタイル分娩を学び、2000年に奈良であかね助産院を開業。今までに取り上げた赤ちゃんは1500人以上。
2009年、わらべうたを取り入れた「わらべうたベビーマッサージ」を考案し、現在までに4000人近くのインストラクターを育成。その後、教室に参加する多くのママたちの要望から「わらべうた胎教マッサージ」「わらべうた産後ダンス」を考案し、本書で公開。全国各地で「わらべうたベビーマッサージ」と併せて「わらべうた胎教マッサージ」「わらべうた産後ダンス」の講習会を開いている。

わらべうたベビーマッサージ：http://www.jyosansi.com/warabeuta/
わらべうた胎教マッサージ＆産後ダンス：http://www.jyosansi.com/wp/

［著書］
『ぬくもりのあるお産をもとめて』悠飛社
『改訂新版　わらべうたベビーマッサージ』合同出版

カバー・本文デザイン	人見祐之
イラスト	大内利絵
組版	Shima.

ママと赤ちゃんがいっしょに
わらべうた胎教マッサージ＆産後ダンス

2015年11月3日　第1刷発行

著　者	奥田朱美
発行者	上野良治
発行所	合同出版株式会社
	東京都千代田区神田神保町1-44
	郵便番号　101-0051
	電話　03（3294）3506
	FAX　03（3294）3509
	振替　00180-9-65422
	ホームページ　http://www.godo-shuppan.co.jp/
印刷・製本	株式会社シナノ

■刊行図書リストを無料進呈いたします。
■落丁乱丁の際はお取り換えいたします。

本書を無断で複写・転訳載することは、法律で認められている場合を除き、著作権及び出版社の権利の侵害になりますので、その場合にはあらかじめ小社宛に許諾を求めてください。

ISBN978-4-7726-1239-5　NDC599　210×148
© Akemi Okuda, 2015